Petra Breitsameter und Christan Grolik
Wie Sie eine Betriebskostenabrechnung erstellen

Petra Breitsameter und Christian Grolik

Wie Sie eine Betriebskostenabrechnung erstellen

interna
Ihr persönlicher Experte

interna

Dieser Ratgeber wird digital produziert. Die laufende Einarbeitung von Änderungen und Ergänzungen garantiert stets optimale Aktualität und Rechtssicherheit.

VIB-Titelmeldung
Petra Breitsameter und Christian Grolik
Wie Sie eine Betriebskostenabrechnung erstellen
ISBN 978-3-939397-86-1

Umschlaggestaltung: workstation GmbH, Bonn
Satz: Josef Hambitzer, Bonn
Druck: Bonner Druck & Medien GmbH, Bonn

Verlag interna GmbH
Handelsregister HRB 15534
Amtsgericht Bonn
Geschäftsführer: Jörg Mielczarek
Auguststr. 1, 53229 Bonn
Tel.: 02 28 / 85 44 98-0, Fax: 02 28 / 85 44 98-20
www.interna-aktuell.de
www.interna-express.de
mail@interna-aktuell.de

Printed in Germany

Inhalt

1. Vorwort

Dieser Ratgeber wendet sich an alle Eigentümer von vermieteten Immobilien, die sich mit dem Erstellen von Betriebskostenabrechnungen im Detail vertraut machen und Kosten für Rechtsanwälte, Steuerberater oder andere professionelle Hilfe sparen möchten.

Wie die Autoren aus langjähriger Hausverwalter-Praxis wissen, entstehen die meisten Streitigkeiten im Mietverhältnis aus fehlerhaften Betriebskostenabrechnungen. Stetig steigende Energiekosten und entsprechende Meldungen in den Medien bewirken, dass Mieter ihre Betriebskostenabrechnungen häufig selbst einer kritischen Prüfung unterziehen oder diese beispielsweise durch den Mieterverein oder gar anwaltlich überprüfen lassen.

Schließlich sind Mitgliedsbeiträge für die Mieter vergleichsweise günstig und derartige Streitfälle bereits automatisch von den meisten Rechtsschutzversicherungen gedeckt. Im Gegenzug müssen Eigentümer jede vermietete Immobilie kostenintensiv separat versichern und die Rechtsprechung gilt als äußerst „mieterfreundlich", was für Vermieter von vornherein nachteilig ist.

Diese Umstände fordern von Immobilieneigentümern einen sorgfältigen Umgang mit diesem sensiblen Thema. Das vorliegende Buch geht ebenso auf die Betriebskostenabrechnung bei Wohn- und Gewerbeimmobilien wie bei vermieteten Eigentumswohnungen oder Mehrfamilienhäusern ein.

Lernen Sie die wichtigsten Gesetze und Verordnungen kennen, Form und Aufbau der Abrechnung, die grundlegenden Daten, welche Betriebskosten unter welchen Voraussetzungen auf den Mieter umlagefähig sind und was Sie bei Unstimmigkeiten bezüglich der Abrechnung unternehmen sollten.

Dieser Ratgeber möchte leicht verständliche Hilfestellung leisten, damit Sie Ärger mit Ihren Mietern vermeiden können.

Steht Ihre Immobilie zur Neuvermietung an? Wie Sie Mietinteressenten überprüfen können und die Vermietung sicher durchführen, verrät Ihnen als der Ratgeber „Immobilien richtig vermieten" derselben Verfasser, ebenfalls erschienen im Verlag interna unter der ISBN 978-3-937887-81-4.

2. Allgemeines zur Betriebskostenabrechnung

Die korrekte Betriebskostenabrechnung, auch Nebenkostenabrechnung genannt, ist in den letzten Jahren zunehmend zu einem äußerst wichtigen Bestandteil sowohl von Mietverhältnissen über Wohnraum als auch von Gewerbemietverhältnissen geworden. Im Mittelpunkt der Betriebskostenabrechnung steht stets die Abrechnung über die Heizungs- und Warmwasserkosten, die regelmäßig den größten Kostenfaktor darstellen.

In Zeiten stetig steigender Kosten entstehen immer mehr Streitigkeiten zwischen Mietern und Vermietern über Inhalt und Umlage der Kosten in der Betriebskostenabrechnung. Eine eskalierende Streitbereitschaft hat bei Mietverhältnissen über Wohnraum nicht selten einen Vertrauensbruch und die baldige Auflösung des Mietverhältnisses zu Folge. In der heutigen Zeit der steigenden Zahl der Privatinsolvenzen ist es aus Sicht der Vermieter anzuraten, die „guten", also zahlungskräftigen, Mieter zu halten, da jede Neuvermietung ein gewisses Risiko darstellt.

Jedem aus der Immobilienbranche sind die alljährlichen Warnungen aus der Presse wie „Jede zweite Betriebskostenabrechnung ist falsch" bekannt. Dies führt nicht selten dazu, dass Abrechnungen angezweifelt werden, die den rechtlichen Vorschriften sehr wohl genügen und in Ordnung sind. Wiederum sind viele Abrechnungen tatsächlich fehlerhaft, weil den zuständigen Personen das nötige Wissen fehlt.

Es ist daher äußerst wichtig, sich als privater Vermieter die rechtlichen und praktischen Kenntnisse anzueignen, die zur Erstellung von korrekten Betriebskostenabrechnungen nötig sind.

2.1 Definition

Betriebskosten sind Kosten, die dem Gebäudeeigentümer durch den bestimmungsgemäßen Gebrauch des Gebäudes nebst technischer Einrichtungen laufend entstehen.

Dabei spielt es keine Rolle, in welchen Zeitabständen die Betriebskosten entstehen. Die Überprüfung des Öltanks zählt genau so zu den laufend entstehenden Betriebskosten wie die Hausmeisterkosten, auch wenn Erstere in der Regel nur alle fünf Jahre anfallen.

Welche dieser Kosten auf Mieter umlagefähig sind, regeln der § 2 Betriebskostenverordnung sowie das Mietrecht (laufende Rechtssprechung).

2.2 Mindestanforderungen an eine Betriebskostenabrechnung

Bei Gebäuden mit mehreren Wohnungen muss die Betriebskostenabrechnung folgende Mindestangaben enthalten:

- Aufstellung der Gesamtkosten
- Anteilige Berechnung der Betriebskosten für den Mieter
- Angabe der Verteilerschlüssel mit Erläuterung
- Abzug der im Abrechnungszeitraum geleisteten Vorauszahlungen

Die Abrechnung muss klar, übersichtlich, verständlich und vollständig aufgebaut sein. Ein durchschnittlich gebildeter Mensch ohne betriebswirtschaftliche, buchhalterische oder juristische Ausbildung muss in der Lage sein, die Abrechnung nachzuvollziehen.

2.3 Bestandteile der Betriebskostenabrechnung

Die Betriebskostenabrechnung besteht aus folgenden Elementen:

- Abrechnung der so genannten kalten Betriebskosten
- Heizkostenabrechnung – die „warmen" Betriebskosten
- Bescheinigung für haushaltsnahe Aufwendungen

Ausweis der haushaltsnahen Aufwendungen nach § 35a EStG
Nach § 35a des Einkommensteuergesetzes vermindert sich die Einkommensteuer eines Privathaushalts jährlich auf Antrag um 20 %, höchstens jedoch um EUR 1.200. Dieses Gesetz beinhaltet haushaltsnahe Beschäftigungsverhältnisse, haushaltsnahe Dienstleistungen sowie haushaltsnahe Handwerkerleistungen.

Für die Erstellung der Betriebskostenabrechnung sind lediglich die Punkte haushaltsnahe Dienstleistungen und Handwerkerleistungen relevant, da auch die Mieter von dieser steuerlichen Neuregelung profitieren, sofern die umlegbaren Betriebskosten betroffen sind. In der Praxis bedeutet dies für die Vermieter, dass haushaltsnahe Aufwendungen in der Betriebskostenabrechnung separat ausgewiesen werden müssen, damit der Mieter diese Abrechnung im Zuge seiner Steuererklärung beim Finanzamt einreichen kann.

Der Unterschied zwischen haushaltnahen Dienstleistungen und haushaltsnahen Aufwendungen besteht darin, dass zu den haushaltsnahen Dienstleistungen lediglich Tätigkeiten zählen, die nicht zu den Handwerkerleistungen gehören und gewöhnlich von den Angehörigen des Haushalts selbst durchgeführt werden.

Die Handwerkerleistungen können Instandsetzungs- und Instandhaltungsarbeiten rund um das Gebäude umfassen. Zu beachten ist auch hier die korrekte Trennung zwischen umlegbaren und nicht umlegbaren Betriebskosten.

Einige gängige Beispiele für umlegbare haushaltsnahe Dienstleistungen sowie Handwerkerleistungen, insoweit die Arbeiten durch selbstständige Unternehmen ausgeführt werden:

- Kosten für Hausmeister und Hausreinigung
- Kosten für Gartenpflegearbeiten
- Kosten für die Wartung von Heizungsanlagen, Elektro-, Gas- und Wasserinstallationen
- Kosten für den Schornsteinfeger
- Kosten für die Wartung von Fernsehempfangsanlagen

Damit die Kosten geltend gemacht werden können, müssen zunächst in den entsprechenden Rechnungen die Positionen Lohn- und Materialkosten eindeutig getrennt ausgewiesen werden, denn lediglich der Lohnanteil einer Rechnung darf für den Steuervorteil in Ansatz gebracht werden. Ein Ausweis der prozentualen Lohnkosten ist grundsätzlich zulässig.

Bei Wohnungseigentümergemeinschaften werden die Eigentümer in der Regel von der Hausverwaltung eine entsprechende Hausgeldabrechnung erhalten, die bereits die Lohn- und Materialanteile berücksichtigt. Die Bescheinung über die haushaltsnahen Aufwendungen kann umlagefähige wie auch nicht umlagefähige Betriebskosten enthalten. Auch hier müssen diese Kosten getrennt werden. Die Bescheinigung für den Mieter darf lediglich die umlagefähigen Lohnanteile enthalten.

Liegt eine solche Hausgeldabrechnung nicht vor, vielleicht weil es sich bei der Immobilie um ein Gebäude handelt, welches vom Eigentümer selbst verwaltet wird, kann auch eine entsprechende Bescheinigung des Vermieters ausgestellt und der Betriebskostenabrechnung beigefügt werden.

2.4 Fristen nach Mietrecht

Seit der Mietrechtsreform vom 1.9.2001 gilt eine Frist von zwölf Monaten nach Ablauf des Abrechnungszeitraums (Wirtschaftsjahr), in der die Betriebskostenabrechnung dem Mieter zugestellt werden muss. Hierbei zu beachten, dass damit nicht zwingend das Kalenderjahr gemeint ist, sondern das Abrechnungsjahr des jeweiligen Gebäudes, z. B. vom 1.3. bis zum 28.2. Die letzte Frist wäre in diesem Fall der 28.2. des Folgejahres.

Gemäß § 556 Abs. 3 BGB sind die Betriebskosten jährlich abzurechnen. Daraus ist abzuleiten, dass keine längere Abrechnungsperiode als zwölf Monate zulässig ist.

Die eventuellen Fehlbeträge der nach Ablauf dieser Frist zugehenden Betriebskostenabrechnungen können von den Mietern nicht mehr eingefordert werden. Deshalb sollte jede Hausverwaltung und jeder Vermieter darauf achten, die Betriebskostenabrechnung rechtzeitig zu erstellen und dem Mieter nachweislich zuzustellen. In diesem Zusammenhang ist noch darauf hinzuweisen, dass auch fehlende Positionen nach Ablauf dieser Frist nicht mehr eingefordert werden können; ein Beispiel dafür ist die Grundsteuer: Diese ist nicht in Wohngeldabrechnungen enthalten, da ein Verwalter von Eigentümergemeinschaften keine Kenntnis von diesen Werten hat (direkter Steuerbescheid an den Immobilieneigentümer).

Zustellung der Betriebskostenabrechnung
Welche (preisgünstigen) Möglichkeiten gibt es für Vermieter, dem Mieter eine Betriebskostenabrechnung nachweislich, also beweiskräftig, zuzustellen?

Der Postweg eignet sich hierzu nur bedingt. Der Standard-Brief wird ohnehin nicht dokumentiert, und bei den unterschiedlichen Einschreibe-Briefen, dem Einschreiben mit Rückschein und dem Einwurf-Einschreiben, wird von der Post lediglich festgehalten, dass ein Briefumschlag mit unbekanntem Inhalt an eine bestimmte Person zugestellt wurde. Dies bedeutet, der Vermieter hat im Zweifel die Beweislast, dass sich die Betriebskostenabrechnung tatsächlich im zugestellten Umschlag befunden hat.

Hat ein Vermieter berechtigte Zweifel an der Akzeptanz der fristgerechten Zustellung, z. B. wenn bereits Streitigkeiten mit diesem Mieter anhängig sind, sollte die Abrechnung unter Zeugen in den Umschlag eingelegt und dieser Umstand mit Angabe der Zeugen, Datum und Uhrzeit auf der Abrechnung vermerkt werden. Anschließend kann der Umschlag vorzugsweise per Einwurf-Einschreiben zugestellt werden, da so nicht die Gefahr besteht, dass die Annahme verweigert wird, oder die Abrechnung eigenhändig in den Briefkasten des Mieters eingelegt werden. Auch in diesem Fall ist darauf zu achten, dass die Abrechnung unter Zeugen zugestellt wird. Bitte eine entsprechende Dokumentation für die eigenen Unterlagen nicht vergessen!

2.5 Korrekte anrechenbare Wohnfläche ermitteln

Eine Grundlage für eine korrekte Betriebskostenabrechnung bildet die anrechenbare Wohnfläche. Diese können Sie den Planunterlagen oder der Wohnflächenberechnung entnehmen. Bitte setzen Sie stets den Zusatz „ca." vor die Angabe, da auch Planunterlagen geringfügig von der tatsächlichen Wohnfläche abweichen können. Kleinere Balkone werden üblicherweise zur Hälfte der anrechenbaren Wohnfläche hinzugerechnet, größere Balkone und Terrassen zu einem Drittel oder zu einem Viertel.

Hinweis: Die Wohnfläche für Dachwohnungen darf nur ab einer Raumhöhe von 2 Metern zu 100 % der anrechenbaren Wohnfläche hinzugerechnet werden. Raumhöhen zwischen 1 und 2 Metern dürfen zu 50 % gerechnet werden, und alle Flächen, die eine niedrigere Raumhöhe als 1 Meter aufweisen, dürfen der Wohnfläche nicht hinzugerechnet werden. Erfragen Sie hierzu bitte die Vorschriften des jeweiligen Bundeslandes.

3. Unterschiede in den Betriebskostenabrechnungen bezogen auf die Art der Immobilie

Grundsätzlich gelten stets die im Mietvertrag vereinbarten Verordnungen, bzw. die aufgeführten Betriebskosten. Zusätzliche Betriebskosten können nur für Gewerberaum vereinbart werden.

Die grundsätzlichen Unterschiede je nach Art der vermieteten Immobilie, die bei der Erstellung der Betriebskostenabrechnung berücksichtigt werden sollten, zeigt dieses Kapitel auf.

3.1 Mietshäuser (Einfamilienhäuser)

Bei Mietshäusern (z. B. Einfamilienhäusern) ist es üblich, dass ein großer Teil der Betriebskosten direkt von den Mietern getragen wird und somit nicht in der Abrechnung erscheint. Dazu können die Kosten für die Versicherungen, Müll, Heizöl oder Gas zählen. Meistens entfällt praktisch die Heizkostenabrechnung. Da der Mieter in den meisten Fällen auch die Pflege der Außenanlagen übernimmt, fallen auch keine Reinigungs- und Hausmeisterkosten an. Die Abrechnung fällt entsprechend kurz aus. Bitte die Grundsteuer nicht vergessen, da dieser Bescheid stets nur dem Gebäudeeigentümer zugestellt wird.

3.2 Eigentumswohnungen

Zunächst sollte man als Vermieter wissen, dass es zwischen den üblichen Abrechnungsprinzipien von Hausverwaltern und Wohnungseigentümern grundlegende Unterschiede gibt.

Die Verwalterabrechnung, auch Hausgeldabrechnung genannt, wird gem. rechtlichen Vorschriften nach dem Zu- und Abflussprinzip angefertigt. Dies bedeutet, dass alle Geldströme von Beginn bis Ende des Abrechnungszeitraums erfasst werden, ohne dass eine buchhalterische Jahresabgrenzung vorgenommen wird. Beispiel: Abrechnungszeitraum = Kalenderjahr. Eine Rechnung über eine Maßnahme, die am 28.12. eines Jahres durchgeführt wird, trifft am 8.1. des Folgejahres bei der Verwaltung ein. Diese Abrechnung wird für die Hausgeldabrechnung nicht berücksichtigt.

Im Gegensatz dazu werden Betriebskostenabrechnungen für den Mieter nach dem Leistungsprinzip angefertigt. Alle Kostenpositionen, die in ein Wirtschaftsjahr fallen, müssen unabhängig vom Zeitpunkt der Rechnungsstellung in dem jeweiligen Abrechnungszeitraum verbucht werden. Beispiel: Abrechnungszeitraum = Kalenderjahr. Die Rechnung über die am 28.12. eines Jahres durchgeführte Maßnahme, die am 8.1. des Folgejahres eintrifft, muss auf ein Abgrenzungskonto gebucht werden, damit in der Betriebskostenabrechnung alle in einem Jahr angefallenen Kosten verrechnet werden.
Der Vermieter sollte sich immer vor Augen halten, dass das Vetragsverhältnis Eigentümergemeinschaft und Hausverwaltung sowie Wohnungseigentümer als Vermieter und Mieter rechtlich in keinem Zusammenhang stehen.

Der Bundesgerichtshof hat sich dieses Problems der Vermieter von Eigentumswohnungen angenommen. Mit Urteil vom 20.2.2008 (VIII ZR 27/07) wird der Vermieter bei der Abrechnung der Betriebskosten auch ohne entsprechende Regelung im Mietvertrag nicht mehr auf das Leistungsprinzip festgelegt – zulässig ist auch eine Abrechnung nach dem Zu- und Abflussprinzip, da dieses Prinzip ebenso grundsätzlich eine sachgerechte Umlage der Betriebskosten ermöglicht.
Als Eigentümer einer ordentlich verwalteten Eigentumswohnung ist die Erstellung einer Betriebskostenabrechnung deshalb vergleichsweise einfach. Im Idealfall erhält der Vermieter eine Abrechnung, in der die umlagefähigen und nicht

umlagefähigen Betriebskosten bereits getrennt ausgewiesen sind. Der WEG-Verwalter ist aber nicht dazu verpflichtet, die umlagefähigen Kosten zu kennzeichnen.

Der Mietvertrag sollte stets daraufhin geprüft werden, ob alle gekennzeichneten und in der Betriebskostenverordnung § 2 enthaltenen Kosten umgelegt werden dürfen!

Es empfiehlt sich, auf Grundlage der vom WEG-Verwalter überlassenen Abrechnung eine neue Abrechnung zu erstellen und nicht einfach die Verwalterabrechnung an den Mieter weiterzugeben. Der Grund hierfür ist, dass die auf der Abrechnung ausgewiesenen, nicht umlagefähigen Positionen den Mieter verwirren können. Außerdem beinhaltet die Verwalterabrechnung in der Regel nicht die Grundsteuern, da die Grundsteuerbescheide nicht an die Hausverwaltung, sondern an jeden Wohnungseigentümer separat geschickt werden.

Legen Sie dem Mieter auch die Heizkostenabrechnung und die Aufstellung für die haushaltsnahen Aufwendungen bei! Der Mieter kann den umlagefähigen Anteil der haushaltsnahen Aufwendungen steuerlich geltend machen, der Vermieter nach wie vor den Anteil an den nicht umlagefähigen Kosten.

Zweifelt der Mieter die Abrechnung an, kann der Vermieter die Belege bei der Hausverwaltung einsehen, gegen Gebühr kopieren lassen und so dem Mieter das Einsichtsrecht in die gewünschten Belege gewähren. Besser: Gleich (die wenigen) Kopien mit der Abrechnung mitschicken – spart Fragen und Ärger.

Abrechnung nach Quadratmetern oder Miteigentumsanteilen
In der Praxis stellt sich für die meisten Vermieter von Eigentumswohnungen zusätzlich das Problem, dass die Verwalterabrechnung, also die Hausgeldabrechnung, nach dem Verteilerschlüssel „Miteigentumsanteile“ gerechnet wird, das Mietrecht unter § 556a BGB aber vorsieht, dass die Betriebskosten nach dem Anteil der Wohnfläche umzulegen sind. Hierbei handelt es sich um eine Soll-Vorschrift, die mietvertraglich anders vereinbart werden kann.

Grundsätzlich werden Betriebskostenabrechnungen nach Miteigentumsanteilen akzeptiert, sofern sich die Miteigentumsanteile an der Größe der Wohnfläche orientieren, da die Umrechnung der einzelnen Kostenpositionen in Quadratmeter einen unverhältnismäßig hohen Aufwand darstellt.

3.3 Mehrparteien-Mietshäuser

Soll eine Betriebskostenabrechnung für ein Mehrparteien-Mietshaus erstellt werden, sind zunächst alle Mietverträge zu prüfen – jede Einzelabrechnung muss den individuellen Vorgaben angepasst werden. Ältere Mietverträge aus den 1970er oder 1980er Jahren können beispielsweise eine fehlende oder lückenhafte Vereinbarung zur Betriebskostenvorauszahlung im Vergleich zur heute gängigen Betriebskostenverordnung aufweisen.

Zudem ist zu prüfen, ob bei Mietverträgen vor dem Jahr 2001 der § 27 der II. Berechnungsverordnung, Anlage 2 zu Grunde liegt. Diese ist dem aktuellen § 2 Betriebskostenverordnung sehr ähnlich – die Unterschiede im Detail können Sie der in diesem Ratgeber abgedruckten Synopse auf Seite 33 entnehmen. Für das Prüfen der Mietverträge finden Sie in Kapitel 4.4 eine Checkliste.

In der Praxis bedeutet dies, dass zunächst alle für die Betriebskostenabrechnung relevanten Kosten, die umlagefähigen Betriebskosten, verbucht werden, damit die Aufstellung der Gesamtkosten ermittelt werden kann. Danach werden die Verteilungsschlüssel gemäß der vorliegenden Mietverträge angelegt. Hierbei ist aber zu beachten, dass die Kosten, die auf einen Mieter wegen eines alten Mietvertrags nicht umgelegt werden dürfen, nicht auf die anderen Mieter verteilt werden, sondern dem Vermieter belastet werden.

Beispiel: Bei der Erstellung eines Mietvertrags wurde übersehen, die Betriebskostenzahlung als Vorauszahlung zu kennzeichnen. Im Umkehrschluss handelt es sich bei der Betriebskostenzahlung um eine pauschale Zahlung, über die keine Betriebskostenabrechnung erfolgen kann. Es wäre falsch, den Kostenanteil dieser Mietpartei auf die anderen Mieter zu verteilen. Sollte ein Fehlbetrag entstehen, muss der Hauseigentümer für diesen einstehen.

3.4 Gewerbeimmobilien

Bei der Vermietung von Gewerbeimmobilien ist in Bezug auf die Betriebskostenabrechnung besonders darauf zu achten, ob zusätzliche Kostenpositionen zur Umlage vereinbart sind. Die Grundlage bilden auch in diesem Fall die entsprechenden Vereinbarungen im Mietvertrag.

3.4.1 Ausweis der Umsatzsteuer bei gewerblichen Vermietungen

Ein Vermieter ist nach § 1 Abs. 1 UStG ein Unternehmer, da er Räume gegen Entgelt zur Verfügung stellt, da er nachhaltig eine Tätigkeit zur Erzielung von Einnahmen ausübt. Hier spielt es keine Rolle, ob die Räume zu gewerblichen Zwecken oder zu Wohnzwecken vermietet werden.

Gemäß § 4 Nr. 12 UStG ist die Vermietung von der Umsatzsteuer befreit, obwohl sie nach § 1 Abs. 1 Nr. 1 UStG einen steuerbaren Umsatz darstellt. Der Vermieter ist also nicht verpflichtet, aus der Miete den Umsatzsteueranteil herauszurechnen und an das Finanzamt abzuführen. Äquivalent dazu ist der Mieter nicht berechtigt, die Vorsteuer in Abzug zu bringen. Ebenso werden die Betriebskosten brutto wie netto bezahlt.

Nach § 9 UStG kann auf diese Umsatzsteuerbefreiung eingeschränkt verzichtet werden. Die Umsatzsteueroption ist im Ergebnis nur noch dann zulässig, wenn der Mieter die Räume ausschließlich für Umsätze verwendet, die den Vorsteuerabzug zulassen. Dieser Umstand ist durch den Vermieter nachzuweisen.

Wenn Mieter und Vermieter die Umsatzsteueroption vereinbaren, ist die Umsatzsteuer offen auszuweisen. Der Mieter kann dann die zusätzlich zur Miete bezahlte Umsatzsteuer als Vorsteuer geltend machen, und der Vermieter muss diese Umsatzsteuer an das Finanzamt abführen. Für die Zahlung der Betriebskosten gilt ebenso die Zahlung der zusätzlichen Umsatzsteuer unter Angabe der jeweiligen Umsatzsteuer-Identifikationsnummern. In der Praxis können Vermieter die Umsatzsteuer auch rückwirkend durch den Steuerberater im Zusammenhang mit der Steuererklärung abführen.

Kurz gefasst: Zur Umsatzsteuer kann bei Mietverhältnissen (Miet- und Betriebskostenzahlungen) nur optiert werden, wenn die Räume ausschließlich dazu Verwendung finden, Umsätze zu erzielen, die den Vorsteuerabzug zulassen.

Vorsicht: Das gilt nicht für Mietverhältnisse in Wohnungseigentümergemeinschaften!

3.4.2 Umsatzsteuerausweis bei Wohnungseigentümergemeinschaften

Gemäß § 14 Abs. 1 UStG hat ein einzelner Wohnungseigentümer keinen Anspruch auf die Ausweisung der Umsatzsteuer in seiner Hausgeldabrechnung. Zudem sind nach § 4 Nr. 13 UStG Leistungen, die die Wohnungseigentümergemeinschaft im Sinne des WEG an die Teileigentümer erbringt, von der Steuer befreit. Die Steuerbefreiung gilt, sofern es sich um Leistungen handelt, die das gemeinschaftliche Eigentum zur Gebrauchsüberlassung, zur Instandhaltung, und Instandsetzung und sonstigen Verwaltung benötigt.

Ein Umsatzsteuerausweis auf den Hausgeldabrechnungen der Wohnungseigentümergemeinschaften ist also gemäß Gesetzgebung nicht nur nicht möglich, sondern auch rechtswidrig und führt zu einer Zahlungsverpflichtung der ausgewiesenen Mehrwertsteuer an das Finanzamt, auch wenn diese bereits von der Hausverwaltung beim Begleichen der Lieferantenrechnungen bezahlt wurde. Ferner ermächtigt der Umsatzsteuerausweis den Eigentümer oder Mieter nicht zum Abzug in seiner Umsatzsteuererklärung.

Hausverwaltungen sind daher gehalten, keine Hausgeldabrechnungen mit Umsatzsteuerausweis herauszugeben, auch wenn dies technisch möglich wäre. Der Umsatzsteuerausweis ist auch dann nicht möglich, wenn der Eigentümer als Vermieter auf die Mietzahlungen Umsatzsteuer erhält. Die Vertragsverhältnisse zwischen Hausverwalter und Eigentümer und zwischen Eigentümer und Mieter stehen nicht im Zusammenhang.

Unstimmigkeiten treten in der Praxis immer dann auf, wenn Wohnungseigentümer vom Hausverwalter eine Abrechnung mit ausgewiesener Umsatzsteuer einfordern und ihre gewerbliche Mieter auf einer Betriebskostenabrechnung mit ausgewiesener Umsatzsteuer bestehen. Der Gesetzgeber sieht derzeit für Hausverwaltungen noch keine praktikable Lösung vor, um alle Beteiligten zufrieden zu stellen.

Letztendlich verantwortlich für die vermietete Gewebeeinheit und die ordnungsgemäße Steuerzahlung ist stets der Eigentümer der Einheit.

Zum besseren Verständnis einige Beispiele:

1. Ein Hausverwalter ist als Verwalter des Gemeinschaftseigentums für ein gemischt genutztes Gebäude (Wohnungseigentümergemeinschaft) zuständig (Wohnungen und Gewerbe). Die Vermieter der Gewerbeeinheiten optieren teilweise zur Umsatzsteuer – die jeweiligen Mieter erwarten eine Betriebskostenabrechnung mit ausgewiesener Umsatzsteuer. Die korrekte und rechtssichere Handlungsweise des Verwalters wäre, den Eigentümern eine Hausgeldabrechnung ohne ausgewiesene Umsatzsteuer zuzuleiten. Die Eigentümer wären also eigenverantwortlich für das Ausweisen der Umsatzsteuer zuständig.

2. Eine Hausverwaltung wurde von einer Kapitalgesellschaft eingesetzt, um eine reine Gewerbeimmobilie, die sich ausschließlich im Eigentum der Kapitalgesellschaft befindet, in die Vollverwaltung zu übernehmen (keine Wohnungseigentümergemeinschaft). In diesem Fall ist die Hausverwaltung für das Erstellen der Betriebskostenabrechnung zuständig. Zur Umsatzsteuer wird in diesem Objekt grundsätzlich optiert. Die Mieter wünschen auch hier eine Abrechnung mit ausgewiesener Umsatzsteuer. Die Verwaltung kann und soll in diesem Fall die Umsatzsteuer bei den Betriebskostenabrechnungen ausweisen.

3. Eine Hausverwaltung verwaltet sowohl das Gemeinschaftseigentum als auch teilweise das Sondereigentum eines gemischt genutzten Gebäudes (Wohnungseigentümergemeinschaft). Nach dem Erstellen der Hausgeldabrechnungen ist sie für das Anfertigen der Betriebskostenabrechnungen zuständig. Teilweise wird zur Umsatzsteuer optiert. Die Auftraggeber der Verwaltung fordern ausgewiesene Umsatzsteuer für die gewerblichen Einheiten. Der Ausweis der Umsatzsteuer ist in diesem Fall wie beschrieben grundsätzlich nicht möglich. Der Lösungsvorschlag aus der Praxis: In einem solchen Fall sollte gegebenenfalls zur Absicherung des Verwaltungsunternehmens mit den Steuerberatern der Auftraggeber Kontakt aufgenommen werden und entsprechender Schriftverkehr geführt werden, auf welche Weise die Betriebskostenabrechnungen angefertigt werden sollen. Dazu kann noch das zuständige Finanzamt befragt werden.

3.4.3 Auszüge aus dem UStG

Die Erläuterungen der letzten beiden Teilkapitel beziehen sich auf folgende Teile des UStG (Rechtsstand 26.11.1979, zuletzt geändert am 29.6.2006):

§ 1 Abs. 1 UStG (steuerbare Umsätze): Der Umsatzsteuer unterliegen folgende Umsätze: 1. die Lieferungen und sonstigen Leistungen, die ein Unternehmer im Inland gegen Entgelt im Rahmen seines Unternehmens ausführt. Die Steuerbarkeit entfällt nicht, wenn der Umsatz auf Grund gesetzlicher oder behördlicher Anordnung ausgeführt wird oder nach gesetzlicher Vorschrift als ausgeführt gilt; 2. (weggefallen); 3. (weggefallen); 4. die Einfuhr von Gegenständen im Inland oder in den österreichischen Gebieten Jungholz und Mittelberg (Einfuhrumsatzsteuer); 5. der innergemeinschaftliche Erwerb im Inland gegen Entgelt.

§ 4 Nr. 12 UStG (Steuerbefreiungen bei Lieferungen und sonstigen Leistungen): Von den unter § 1 Abs. 1 Nr. 1 fallenden Umsätzen sind steuerfrei: a) die Vermietung und die Verpachtung von Grundstücken, von Berechtigungen, für die die Vorschriften des bürgerlichen Rechts über Grundstücke gelten, und von staatlichen Hoheitsrechten, die Nutzungen von Grund und Boden betreffen, b) die Überlassung von Grundstücken und Grundstücksteilen zur Nutzung auf Grund eines auf Übertragung des Eigentums gerichteten Vertrags oder Vorvertrags, c) die Bestellung, die Übertragung und die Überlassung der Ausübung von dinglichen Nutzungsrechten an Grundstücken. Nicht befreit sind die Vermietung von Wohn- und Schlafräumen, die ein Vermieter zur kurzfristigen Beherbergung von Fremden bereithält, die Vermietung von Plätzen für das Abstellen von Fahrzeugen, die kurzfristige Vermietung auf Campingplätzen und die Vermietung und die Verpachtung von Maschinen und sonstigen Vorrichtungen aller Art, die zu einer Betriebsanlagen gehören (Betriebsvorrichtungen), auch wenn sie wesentliche Bestandteile eines Grundstücks sind.

§ 4 Nr. 13 UStG (Steuerbefreiungen bei Lieferungen und sonstigen Leistungen): Von den unter § 1 Abs. 1 Nr. 1 fallenden Umsätzen sind steuerfrei: Die Leistungen, die die Gemeinschaften der Wohnungseigentümer im Sinne des Wohnungseigentumsgesetzes in der im Bundesgesetzblatt Teil III, Gliederungsnummer 403-1, veröffentlichten bereinigten Fassung in der jeweils geltenden Fassung an die Wohnungseigentümer und Teileigentümer erbringen, soweit die Leistungen in der Überlassung des gemeinschaftlichen Eigentums zum Gebrauch, seiner Instandhaltung, Instandsetzung und sonstigen Verwaltung sowie der Lieferung von Wärme und ähnlichen Gegenständen bestehen.

§ 9 UStG (Verzicht auf Steuerbefreiungen): (1) Der Unternehmer kann einen Umsatz, der nach § 4 Nr. 8 Buchstabe a bis g, Nr. 9 Buchstabe a, Nr. 12, 13 oder 19 steuerfrei ist, als steuerpflichtig behandeln, wenn der Umsatz an einen anderen Unternehmer für dessen Unternehmen ausgeführt wird. (2) Der Verzicht auf Steuerbefreiung nach Absatz 1 ist bei der Bestellung und Übertragung von Erbbaurechten (§ 4 Nr. 9 Buchstabe a), bei der Vermietung oder Verpachtung von Grundstücken (§ 4 Nr. 12 Satz 1 Buchstabe a) und bei den in § 4 Nr. 12 Satz 1 Buchstabe b und c bezeichneten Umsätzen nur zulässig, soweit der Leistungsempfänger das Grundstück ausschließlich für Umsätze verwendet oder zu verwenden beabsichtigt, die den Vorsteuerabzug nicht ausschließen. Der Unternehmer hat die Voraussetzungen nachzuweisen.

§ 14 Abs. 1 UStG (Ausstellung von Rechnungen): Rechnung ist jedes Dokument, mit dem über eine Lieferung oder sonstige Leistung abgerechnet wird, gleichgültig, wie dieses Dokument im Geschäftsverkehr bezeichnet wird. Rechnungen sind auf Papier oder vorbehaltlich der Zustimmung des Empfängers auf elektronischem Weg zu übermitteln.

4. Prüfen des Mietvertrags

Zunächst muss überprüft werden, ob überhaupt die rechtliche Grundlage vorhanden ist, um Betriebskosten abrechnen zu dürfen. Besonders sorgfältig sollten hier Mietverträge geprüft werden, in denen einzelne Klauseln angekreuzt werden können. Als Voraussetzung für die Abrechnung der Betriebskosten muss im Mietvertrag zweifelsfrei vereinbart sein, dass die Betriebskosten auch abgerechnet werden dürfen. Ferner kann nur dann abgerechnet werden, wenn der Mieter Vorauszahlungen (Abschlagszahlungen) geleistet hat. Zu unterscheiden sind die Begriffe Betriebskosten, Betriebskostenpauschale und Betriebskostenvorauszahlung.

Betriebskostenabrechnung erstellen

Auch wenn die Heizkostenverordnung zwingend die Abrechnung der Heizungs- und Wasserkosten vorschreibt, ist dies nicht zwangsläufig auf die sonstigen Betriebskosten übertragbar. Die meisten derzeit im Umlauf befindlichen Standardverträge enthalten die auf den Seiten 22 und 23 genannten korrekten Formulierungen. Ist dies nicht der Fall, so sind die Betriebskosten mit Ausnahme der Heizungs- und Warmwasserkosten in der Mietzahlung enthalten.

Rechtsgrundlage hierfür bietet der § 556 BGB. Vorsicht bei älteren Mietverträgen! Ist der Vertrag nicht in diesem Sinne formuliert, muss die Anwendung der Betriebskostenabrechnung gegebenenfalls durch eine schriftliche Zusatzvereinbarung nachgeholt werden. Viele Mieter sind sich jedoch des entstehenden Kostennachteils bewusst, sodass diese Vereinbarung von Mietern nur selten unterzeichnet wird. Auch bei neueren Mietverträgen kann es vorkommen, dass die Regelung über die Betriebskostenabrechnung unklar ist, beispielsweise wurde beim Erstellen des Mietvertrages vergessen, die Position anzukreuzen. In solchen Fällen gilt die vereinbarte Miete als Warmmiete.

Als ebenso wichtige rechtliche Grundlage sei der § 2 der Betriebskostenverordnung genannt. Diese Vorschrift trennt die umlagefähigen und die nicht umlagefähigen Betriebskosten und bildet nach den meisten modernen Mietverträgen die Grundlage zur Betriebskostenabrechnung. Die Betriebskostenverordnung ersetzt seit dem 1.1.2004 die Anlage 3 zu § 27 der zweiten Berechnungsverordnung.

Formulierungsbeispiel: „Bei den monatlichen Beträgen der Betriebskosten handelt es sich um Vorauszahlungen. Über sie wird einmal jährlich abgerechnet, sobald die Abrechnungsunterlagen dem Vermieter vorliegen, spätestens zwölf Monate nach Ende des Abrechnungszeitraums."

Anmerkung: Der letzte Absatz ist ganz besonders wichtig,. Auf einigen Mietvertragsformularen ist vorgesehen, diesen oder einen ähnlich formulierten Absatz anzukreuzen. Wurde dies vergessen, dürfen die Betriebskosten nicht abgerechnet werden! Die Zahlung der Betriebskosten ist dann als Pauschale anzusehen. Reicht diese im Laufe der Zeit nicht mehr aus, ist die Differenz vom Vermieter zu tragen.

4.1 Betriebskostenpauschale

Wird der monatlich zu zahlende Betriebskostenbetrag lediglich mit der Formulierung „Betriebskosten“ oder auch „Betriebskostenpauschale” im Mietvertrag angegeben, handelt es sich um eine Betriebskostenpauschale. Der Mieter bezahlt also für die monatlichen Betriebskosten eine Pauschale, und eine Abrechnung der Betriebskosten erfolgt nicht.

Der Nachteil für den Vermieter liegt auf der Hand: Steigende Betriebskosten werden nicht vom Mieter übernommen und schmälern die Rendite des Mietobjekts.

4.2 Betriebskostenvorauszahlung

Ist im Mietvertrag eine Betriebskostenvorauszahlung, bestenfalls im Zusammenhang mit den Betriebskosten nach § 2 der Betriebskostenverordnung oder, bei älteren Mietverträgen nach § 27 der Zweiten Berechnungsverordnung, Anlage 3 vereinbart, können die Betriebskosten nach der jeweiligen Verordnung abgerechnet werden.

4.3 Betriebskostenvereinbarung

Die Betriebskostenvereinbarung kann an Stelle des § 2 BetrKV als Grundlage zur Abrechnung vereinbart werden. Sie ist eine freie Auflistung der vom Mieter zu übernehmenden Betriebskosten, die sich aber bezogen auf Wohnraum an den umlagefähigen Kosten gem. § 2 BetrKV zu orientieren hat (gem. § 556 Abs. 4 BGB): „Eine zum Nachteil des Mieters von Absatz 1, Absatz 2 Satz 2 oder Absatz 3 abweichende Vereinbarung ist unwirksam.“

Eine Betriebskostenvereinbarung, die nicht umlegbare Betriebskosten nach § 2 BetrKV enthält, z. B. Neuanschaffungen oder Reparaturen, ist nicht anwendbar. Aus diesem Grunde findet diese freie Betriebskostenvereinbarung hauptsächlich in Gewerbemietverträgen Verwendung, da in solchen Fällen noch weitere Kosten, z. B. Verwaltergebühren, umgelegt werden dürfen, sofern eine Vereinbarung besteht.

Werden für Wohnraummietverhältnisse Betriebskostenvereinbarungen angewendet und stellt sich später heraus, dass eine oder mehrere umlagefähige Kostenpositionen fehlen, können diese Positionen erst nach einer vertraglichen Änderung der Vereinbarung umgelegt werden. Weigert sich ein Mieter, die vertragliche Vereinbarung zu ändern, dürfen die fehlenden Positionen in diesem Mietverhältnis nicht umgelegt werden.

4.4 Checkliste

1. Verweist der Mietvertrag auf den § 2 Betriebskostenverordnung (BetrKV)?

2. Verweist der Mietvertrag auf den § 27 der II. Berechnungsverordnung, Anlage 3?

3. Ist im Mietvertrag explizit gekennzeichnet, dass bei den Betriebskosten um eine Voauszahlung handelt?

Treffen entweder die Position 1 oder die Position 2 zusammen mit 3 zu, kann über die Betriebskosten normalerweise abgerechnet werden, und eine weitere Überprüfung erübrigt sich.

Sind die Positionen 1 oder 2 nicht enthalten:

4. Ist im Mietvertrag eine Aufzählung bestimmter Betriebskosten zu finden? In einem solchen Fall können die Betriebskosten zumindest teilweise abgerechnet werden!

5. Ist im Mietvertrag eine Formulierung über eine „pauschale Betriebskostenzahlung" oder nur „Betriebskostenzahlung" zu finden? Dann kann in der Regel nicht abgerechnet werden.

5. Umlagefähige und nicht umlagefähige Betriebskosten für Wohnraum

Dieses Kapitel bezieht sich auf die umlagefähigen Betriebskosten für preisfreien Wohnraum. Im Gewerbemietvertrag kann die Umlage zusätzlicher Betriebskosten, die für Wohnraum nicht umlagefähig sind, geregelt werden, z. B. von Verwaltungskosten.

5.1 Abrechnung nach § 2 BetrKV

Die Grundlage für die meisten Betriebskostenabrechnungen bildet die folgende Aufstellung nach § 2 BetrKV. Ob diese Aufstellung als Grundlage dienen kann, ist dem Mietvertrag zu entnehmen. Die Aufstellung muss dem Vertrag nicht zwingend als Anlage beigefügt worden sein, obgleich empfehlenswert, muss aber eindeutig benannt worden sein.

Auflistung der Betriebskosten
(§ 2 BetrKV)

Anlage ____ des Mietvertrags vom ____________

Betriebskosten sind die Kosten, die dem Eigentümer oder Erbbauberechtigten durch das Eigentum oder Erbbaurecht am Grundstück oder durch den bestimmungsmäßigen Gebrauch des Gebäudes, der Nebengebäude, Anlagen, Einrichtungen und des Grundstücks laufend entstehen. Sach- und Arbeitsleistungen des Eigentümers oder Erbbauberechtigten dürfen mit dem Betrag angesetzt werden, der für eine gleichwertige Leistung eines Dritten, insbesondere eines Unternehmers, angesetzt werden könnte; die Umsatzsteuer des Dritten darf nicht angesetzt werden.

Betriebskosten in diesem Sinne sind:

1. die laufenden öffentlichen Lasten des Grundstücks,
hierzu gehört namentlich die Grundsteuer;

2. die Kosten der Wasserversorgung,
hierzu gehören die Kosten des Wasserverbrauchs, die Grundgebühren, die Kosten der Anmietung oder anderer Arten der Gebrauchsüberlassung von Wasserzählern sowie die Kosten ihrer Verwendung einschließlich der Kosten der Eichung sowie der Kosten der Berechnung und Aufteilung, die Kosten der Wartung von Wassermengenreglern, die Kosten des Betriebs einer hauseigenen Wasserversorgungsanlage und einer Wasseraufbereitungsanlage einschließlich der Aufbereitungsstoffe;

3. die Kosten der Entwässerung,
hierzu gehören die Gebühren für die Haus- und Grundstücksentwässerung, die Kosten des Betriebs einer entsprechenden nicht öffentlichen Anlage und die Kosten des Betriebs einer Entwässerungspumpe;

4. die Kosten des Betriebs der zentralen Heizungsanlage einschließlich der Abgasanlage,

a) hierzu gehören die Kosten der verbrauchten Brennstoffe und ihrer Lieferung, die Kosten des Betriebsstroms, die Kosten der Bedienung, Überwachung und Pflege der Anlage, der regelmäßigen Prüfung ihrer Betriebsbereitschaft und Betriebssicherheit einschließlich der Einstellung durch eine Fachkraft, der Reinigung der Anlage und des Betriebsraums, die Kosten der Messungen nach dem Bundes-Immissionsschutzgesetz, die Kosten der Anmietung oder anderer Arten der Gebrauchsüberlassung einer Ausstattung zur Verbrauchserfassung sowie die Kosten der Verwendung einer Ausstattung zur Verbrauchserfassung einschließlich der Kosten der Eichung sowie der Kosten der Berechnung und Aufteilung;

oder

b) des Betriebs der zentralen Brennstoffversorgungsanlage,
hierzu gehören die Kosten der verbrauchten Brennstoffe und ihrer Lieferung, die Kosten des Betriebsstroms und die Kosten der Überwachung sowie die Kosten der Reinigung der Anlage und des Betriebsraums;

oder

c) der eigenständig gewerblichen Lieferung von Wärme, auch aus Anlagen im Sinne des Buchstabens a,
hierzu gehören das Entgelt für die Wärmelieferung und die Kosten des Betriebs der zugehörigen Hausanlagen entsprechend Buchstabe a;

oder

d) der Reinigung und Wartung von Etagenheizungen und Gaseinzelfeuerstätten,
hierzu gehören die Kosten der Beseitigung von Wasserablagerungen und Verbrennungsrückständen in der Anlage, die Kosten der regelmäßigen Prüfung der Betriebsbereitschaft und Betriebssicherheit und der damit zusammenhängenden Einstellung durch eine Fachkraft sowie die Kosten der Messungen nach dem Bundes- Immissionsschutzgesetz;

5. die Kosten

a) des Betriebs der zentralen Warmwasserversorgungsanlage,
hierzu gehören die Kosten der Wasserversorgung entsprechend Nummer 2, soweit sie nicht dort bereits berücksichtigt sind, und die Kosten der Wassererwärmung entsprechend Nummer 4 Buchstabe a;

oder

b) der eigenständig gewerblichen Lieferung von Warmwasser, auch aus Anlagen im Sinne des Buchstabens a,
hierzu gehören das Entgelt für die Lieferung des Warmwassers und die Kosten des Betriebs der zugehörigen Hausanlagen entsprechend Num. 4 Buchstabe a;

oder

c) der Reinigung und Wartung von Warmwassergeräten,
hierzu gehören die Kosten der Beseitigung von Wasserablagerungen und Verbrennungsrückständen im Innern der Geräte sowie die Kosten der regelmäßigen Prüfung der Betriebsbereitschaft und Betriebssicherheit und der damit zusammenhängenden Einstellung durch eine Fachkraft;

6. die Kosten verbundener Heizungs- und Warmwasserversorgungsanlagen

a) bei zentralen Heizungsanlagen entsprechend Nummer 4 Buchstabe a und entsprechend Nummer 2, soweit sie nicht dort bereits berücksichtigt sind,

oder

b) bei der eigenständig gewerblichen Lieferung von Wärme entsprechend Nummer 4 Buchstabe c und entsprechend Nummer 2, soweit sie nicht dort bereits berücksichtigt sind,

oder

c) bei verbundenen Etagenheizungen und Warmwasserversorgungsanlagen entsprechend Nummer 4 Buchstabe d und entsprechend Nummer 2, soweit sie nicht dort bereits berücksichtigt sind;

7. die Kosten des Betriebs des Personen- oder Lastenaufzugs,
hierzu gehören die Kosten des Betriebsstroms, die Kosten der Beaufsichtigung, der Bedienung, Überwachung und Pflege der Anlage, der regelmäßigen Prüfung ihrer Betriebsbereitschaft und Betriebssicherheit einschließlich der Einstellung durch eine Fachkraft sowie die Kosten der Reinigung der Anlage;

8. die Kosten der Straßenreinigung und Müllbeseitigung,
zu den Kosten der Straßenreinigung gehören die für die öffentliche Straßenreinigung zu entrichtenden Gebühren und die Kosten entsprechender nicht öffentlicher Maßnahmen; zu den Kosten der Müllbeseitigung gehören namentlich die für die Müllabfuhr zu entrichtenden Gebühren, die Kosten entsprechender nicht öffentlicher Maßnahmen, die Kosten des Betriebs von Müllkompressoren, Müllschluckern, Müllabsauganlagen sowie des Betriebs von Müllmengenerfassungsanlagen einschließlich der Kosten der Berechnung und Aufteilung;

9. die Kosten der Gebäudereinigung und Ungezieferbekämpfung,
zu den Kosten der Gebäudereinigung gehören die Kosten für die Säuberung der von den Bewohnern gemeinsam genutzten Gebäudeteile wie Zugänge, Flure, Treppen, Keller, Bodenräume, Waschküchen, Fahrkorb des Aufzugs;

10. die Kosten der Gartenpflege,
hierzu gehören die Kosten der Pflege gärtnerisch angelegter Flächen einschließlich der Erneuerung von Pflanzen und Gehölzen, der Pflege von Spielplätzen einschließlich der Erneuerung von Sand und der Pflege von Plätzen, Zugängen und Zufahrten, die dem nicht öffentlichen Verkehr dienen;

11. die Kosten der Beleuchtung,
hierzu gehören die Kosten des Stroms für die Außenbeleuchtung und die Beleuchtung der von den Bewohnern gemeinsam genutzten Gebäudeteile wie Zugänge, Flure, Treppen, Keller, Bodenräume, Waschküchen;

12. die Kosten der Schornsteinreinigung,
hierzu gehören die Kehrgebühren nach der maßgebenden Gebührenordnung, soweit sie nicht bereits als Kosten nach Nummer 4 Buchstabe a berücksichtigt sind;

13. die Kosten der Sach- und Haftpflichtversicherung,
hierzu gehören namentlich die Kosten der Versicherung des Gebäudes gegen Feuer-, Sturm-, Wasser- sowie sonstige Elementarschäden, der Glasversicherung, der Haftpflichtversicherung für das Gebäude, den Öltank und den Aufzug;

14. die Kosten für den Hauswart,
hierzu gehören die Vergütung, die Sozialbeiträge und alle geldwerten Leistungen, die der Eigentümer oder Erbbauberechtigte dem Hauswart für seine Arbeit gewährt, soweit diese nicht die Instandhaltung, Instandsetzung, Erneuerung, Schönheitsreparaturen oder die Hausverwaltung betrifft; soweit Arbeiten vom Hauswart ausgeführt werden, dürfen Kosten für Arbeitsleistungen nach den Nummern 2 bis 10 und 16 nicht angesetzt werden;

15. die Kosten
a) des Betriebs der Gemeinschafts-Antennenanlage,
hierzu gehören die Kosten des Betriebsstroms und die Kosten der regelmäßigen Prüfung ihrer Betriebsbereitschaft einschließlich der Einstellung durch eine Fachkraft oder das Nutzungsentgelt für eine nicht zu dem Gebäude gehörende Antennenanlage sowie die Gebühren, die nach dem Urheberrechtsgesetz für die Kabelweitersendung entstehen;

oder

b) des Betriebs der mit einem Breitbandkabelnetz verbundenen privaten Verteilanlage,
hierzu gehören die Kosten entsprechend Buchstabe a, ferner die laufenden monatlichen Grundgebühren für Breitbandkabelanschlüsse;

16. die Kosten des Betriebs der Einrichtungen für die Wäschepflege,
hierzu gehören die Kosten des Betriebsstroms, die Kosten der Überwachung, Pflege und Reinigung der Einrichtungen, der regelmäßigen Prüfung ihrer Betriebsbereitschaft und Betriebssicherheit sowie die Kosten der Wasserversorgung entsprechend Nummer 2, soweit sie nicht dort bereits berücksichtigt sind;

17. sonstige Betriebskosten,
hierzu gehören Betriebskosten im Sinne des § 1, die von den Nummern 1 bis 16 nicht erfasst sind.

5.2 Abrechnung nach § 27 II. BV, Anlage 3 (bis 2003)

Die Anlage 3 zu § 27 der II. Berechnungsverordnung wurde ursprünglich für den preisgebundenen Wohnraum, z. B. den sozialen Wohnungsbau, entwickelt. Da diese Kostenaufstellung einzigartig war, wurde diese schnell von Privatvermietern und Hausverwaltungen auch für den preisfreien Wohnraum übernommen. Mietverträge bis zum 1.1.2004 enthalten meistens den Hinweis zu Abrechnung der Betriebskosten nach Anlage 3 zu § 27 der II. BV.

Da die beiden Verordnungen inhaltlich fast gleich sind und sich die aufgeführten Kosten nicht unterscheiden, gibt es in der Praxis in den meisten Fällen normalerweise keine Probleme, wenn grundsätzlich nach der neuen Verordnung abgerechnet wird.

Jedoch liegen die Unterschiede der beiden Verordnungen im Detail. Liegt dem Mietverhältnis ein Mietvertrag mit Hinweis auf die Anlage 3 zu § 27 der II. BV zugrunde, ist grundsätzlich auch diese Verordnung bindend. Die Anlage 3 zu § 27 der II. BV verliert zwar immer mehr an Bedeutung, dennoch wird es noch lange Zeit Mietverträge geben, die auf dieser Vereinbarung basieren.

5.3 Unterschiede der Verordnungen

Im Folgenden in Kürze die wichtigsten Unterschiede der beiden Verordnungen:

§ 2 BetrKV (seit 1.1.2004)	Anlage 3 zu § 27 II. BV (bis 31.12.2003)
Die Eichkosten für Kalt- und Warmwassermessgeräte können umgelegt werden.	Nicht vorgesehen
Die Kosten für die Straßenreinigung und die Müllabfuhr sind um Kosten für den Betrieb von Müllkompressoren, Müllschluckern, Müllabsauganlagen und Müllmengenerfassungsanlagen erweitert worden.	Die Umlage dieser neu erfassten Kosten war nur möglich, wenn sie als sonstige Kosten mietvertraglich vereinbart wurden.
Kosten für die Elementarversicherung (Schutz gegen Hochwasser, Erdrutsche etc.) können jetzt umgelegt werden.	Nicht vorgesehen
Die Kosten für Wäschetrockner, Wäscheschleuder, Bügelmaschinen usw. können durch die neue Begrifflichkeit „Einrichtung für die Wäschepflege“ umgelegt werden.	Der alte Begriff „maschinelle Wascheinrichtung“ wurde ersetzt und erweitert.
Die Gebühren, die nach dem Urheberrechtsgesetz für die Kabelweitersendung entstehen, sind nun umlagefähig.	Nicht vorgesehen
Eine kleine Änderung der Formulierung der sonstigen Betriebskosten gestattet, auch solche Betriebskosten zu erfassen, die aufgrund neuartiger technischer Entwicklungen zum Zeitpunkt des Vertragsabschlusses noch nicht absehbar waren. Nachträglich funktioniert dies aber nur bei neu entstandenen Betriebskosten und nicht bei solchen, die nicht aufgeführt wurden.	Nicht vorgesehen.

6. Die Betriebskosten für Wohnraum im Detail von A-Z

Um die umlagefähigen und nicht umlagefähigen Betriebskosten genau voneinander zu unterscheiden, sollte man nicht nur wissen, dass die Kosten umlegbar sind, sondern auch, auf welchen Teil der Betriebskostenverordnung sich diese beziehen.

Dieses Kapitel bezieht sich ausschließlich auf § 2 BetrKV, also die aktuelle Verordnung. Zur besseren Übersichtlichkeit finden Sie hier die umlagefähigen Betriebskosten nach § 2 BetrKV auf einen Blick:

1. Laufende öffentliche Lasten des Grundstücks
2. Wasserversorgung
3. Entwässerung
4. Heizungskosten
5. Warmwasserkosten
6. Reinigung und Wartung von Warmwassergeräten
7. Aufzug
8. Straßenreinigung und Müllbeseitigung
9. Hausreinigung und Ungezieferbekämpfung
10. Gartenpflege
11. Allgemeinbeleuchtung
12. Schornsteinreinigung
13. Sach- und Haftpflichtversicherung
14. Hauswart (Hausmeister)
15. Gemeinschaftsantenne, private Verteileranlage für Breitbandkabel usw.
16. Maschinelle Wascheinrichtung
17. Sonstiges Betriebskosten

Die folgende Aufstellung der gängigsten Betriebskosten soll Hilfestellung bei der Zuordnung bieten. Als Faustregel gilt, dass Neuanschaffungen, Instandhaltungen und Instandsetzungen (Reparaturen), Verwaltungskosten und Bankgebühren nicht auf den Wohnraum-Mieter umlagefähig sind.

Beispiel: Kauft der Verwalter oder Eigentümer eines Mehrfamilienhaus einen

Rasenmäher, so sind diese Kosten weder über Gartenpflege noch über sonstige Betriebskosten umlagefähig. Wird der Rasenmäher jährlich gewartet und gereinigt, sind diese Kosten umlagefähig, auch sämtliche Betriebskosten des Rasenmähers, z. B. Benzin und Öl. Kommt der Rasenmäher jedoch zur Reparatur in eine Werkstatt, so dürfen diese Kosten nicht auf den Mieter abgewälzt werden. Wenn es sich um einen Rasenmäher-Traktor handelt, können außerdem die Versicherungskosten und TÜV-Gebühren umgelegt werden.

Betriebskosten nach § 2 BetrKV von A-Z:

Betriebskosten von A-Z	**Umlagefähig nach § 2 BetrKV / nicht umlagefähig**
A	
Abwasser	3. Entwässerung
Antenne (gemeinschaftlich) - Einstellen	15. Gemeinschaftsantenne/Breitbandkabel
Antenne (gemeinschaftlich) - Strom	15. Gemeinschaftsantenne/Breitbandkabel
Antenne (gemeinschaftlich) - Überprüfung	15. Gemeinschaftsantenne/Breitbandkabel
Antenne (gemeinschaftlich) - Wartung	15. Gemeinschaftsantenne/Breitbandkabel
Aufzug - Beaufsichtigung und Bedienung	7. Aufzug
Aufzug - Betriebsstrom	7. Aufzug
Aufzug - Pflege	7. Aufzug
Aufzug - Reinigung	7. Aufzug
Aufzug - Wartung	7. Aufzug
Aufzug - TÜV	7. Aufzug
Außenbeleuchtung	11. Allgemeinbeleuchtung
B	
Bankgebühren	Nicht umlagefähig
Beleuchtung - Außenbeleuchtung	11. Allgemeinbeleuchtung
Beleuchtung - gemeinschaftlich genutzte Hausteile	11. Allgemeinbeleuchtung
Brandversicherung	13. Sach- und Haftpflichtversicherungen
Breitbandkabel - lfd. Gebühren	15. Gemeinschaftsantenne/Breitbandkabel
Breitbandkabel (gemeinschaftlich) - Einstellen	15. Gemeinschaftsantenne/Breitbandkabel
Breitbandkabel (gemeinschaftlich) - Strom	15. Gemeinschaftsantenne/Breitbandkabel
Breitbandkabel (gemeinschaftlich) - Überprüfung	15. Gemeinschaftsantenne/Breitbandkabel
Breitbandkabel (gemeinschaftlich) - Wartung	15. Gemeinschaftsantenne/Breitbandkabel
Brennstoffe (Verbrauch und Lieferung)	4. Heizungskosten

Betriebskosten von A-Z	Umlagefähig nach § 2 BetrKV / nicht umlagefähig
D	
Dachkontrollen	17. Sonstige Betriebskosten
Dachrinnenreinigung	17. Sonstige Betriebskosten
E	13. Sach- und Haftpflichtversicherungen
Elementarversicherung	3. Entwässerung
Entwässerungspumpe (Betriebskosten)	
F	15. Gemeinschaftsantenne/Breitbandkabel
Fernsehantenne (gemeinschaftlich) - Einstellen	15. Gemeinschaftsantenne/Breitbandkabel
Fernsehantenne (gemeinschaftlich) - Strom	15. Gemeinschaftsantenne/Breitbandkabel
Fernsehantenne (gemeinschaftlich) - Überprüfung	15. Gemeinschaftsantenne/Breitbandkabel
Fernsehantenne (gemeinschaftlich) - Wartung	Nicht umlagefähig
Feuerlöscher - Erstausstattung	17. Sonstige Betriebskosten
Feuerlöscher - Wartung	
G	10. Gartenpflege
Gartenpflege	13. Sach- und Haftpflichtversicherungen
Gewässerschäden-Versicherung	13. Sach- und Haftpflichtversicherungen
Glasversicherung (Gemeinschaftsflächen)	Nicht umlagefähig
Glasversicherung (privat)	Nicht umlagefähig
Glühlampen/Glühbirnen (Ersatz)	1. Laufende öffentliche Lasten des Grundstücks
Grundsteuer	8. Straßenreinigung und Müllbeseitigung
Gullyreinigung	
H	13. Sach- und Haftpflichtversicherungen
Haftpflichtversicherung - Gewässer	13. Sach- und Haftpflichtversicherungen
Haftpflichtversicherung - Haus- und Grundbesitzer	Nicht umlagefähig
Haftpflichtversicherung - privat	Nicht umlagefähig
Haftpflichtversicherung - Verwaltungsbeirat	13. Sach- und Haftpflichtversicherungen
Hagelversicherung	Nicht umlagefähig
Hausmeister - Arbeitsleistungen von 2 bis 16	14. Hauswart
Hausmeister - Vergütung, Sozialbeiträge	

Betriebskosten von A-Z	**Umlagefähig nach § 2 BetrKV / nicht umlagefähig**
Hausmeister - Verwaltungshilfsarbeiten	Nicht umlagefähig
Hausratversicherung	Nicht umlagefähig
Hausreinigung - gemeinschaftlich genutzte Hausteile	9. Hausreinigung und Ungezieferbekämpfung
Heizung - Betriebsstrom	4. Heizungskosten
Heizung - Brennstoffe (Verbrauch und Lieferung)	4. Heizungskosten
Heizung - Brennstoffe (Verbrauch und Lieferung)	4. Heizungskosten
Heizung - Einstellarbeiten	4. Heizungskosten
Heizung - Kosten der Bedienung	4. Heizungskosten
Heizung - Mietkosten für Verbrauchserfassungsgeräte inkl. Eichung	4. Heizungskosten
Heizung - Pflege und Überwachung	4. Heizungskosten
Heizung - Reinigungskosten	4. Heizungskosten
Heizung - Schornsteinfeger und Immissionsschutz-Messungen	4. Heizungskosten
Heizung - Wartungskosten	4. Heizungskosten
I	
Instandhaltungen allgemein	Nicht umlagefähig
Instandsetzungen allgemein (Reparaturen)	Nicht umlagefähig
K	
Kabelanschluss (gemeinschaftlich) - Einstellen	15. Gemeinschaftsantenne/Breitbandkabel
Kabelanschluss (gemeinschaftlich) - lfd. Gebühren	15. Gemeinschaftsantenne/Breitbandkabel
Kabelanschluss (gemeinschaftlich) - Strom	15. Gemeinschaftsantenne/Breitbandkabel
Kabelanschluss (gemeinschaftlich) - Überprüfung	15. Gemeinschaftsantenne/Breitbandkabel
Kabelanschluss (gemeinschaftlich) - Wartung	15. Gemeinschaftsantenne/Breitbandkabel
Kaminkehrer	12. Schornsteinreinigung
Kammerjäger (bei regelmäßigem Befall)	9. Hausreinigung und Ungezieferbekämpfung
Kanalgebühren	3. Entwässerung
Keller - Beleuchtung	11. Allgemeinbeleuchtung

Betriebskosten von A-Z	Umlagefähig nach § 2 BetrKV / nicht umlagefähig
Keller - Reinigung	9. Hausreinigung und Ungezieferbekämpfung
L	
Leitungswasser-Versicherung	13. Sach- und Haftpflichtversicherungen
Leuchtstoffröhren (Ersatz)	nicht umlagefähig
M	
Müll - Kosten für Berechnung und Aufteilung	8. Straßenreinigung und Müllbeseitigung
Müllabfuhr (öffentlich und nicht öffentlich)	8. Straßenreinigung und Müllbeseitigung
Müllbeseitigung	8. Straßenreinigung und Müllbeseitigung
Müllpressen, Müllschlucker, Müllabsauganlagen, Müllmengenerfassungsanlagen	8. Straßenreinigung und Müllbeseitigung
N	
Neuanschaffungen allgemein	Nicht umlagefähig
Neupflanzungen	Nicht umlagefähig
Nutzerwechselgebühren der Heizkostenfirma	Nicht umlagefähig
P	
Parkplätze - Reinigung und Pflege	8. Straßenreinigung und Müllbeseitigung
Pflanzen (Ersatz)	10. Gartenpflege
Plätze (gemeinschaftlich) - Pflege	10. Gartenpflege
Privathaftpflichtversicherung	Nicht umlagefähig
R	
Rechtsschutzversicherung	Nicht umlagefähig
Reinigung - Aufzug	7. Aufzug oder 9. Hausreinigung und Ungezieferbekämpfung
Reinigung - Dachrinne	17. Sonstige Betriebskosten
Reinigung - gemeinschaftliche Keller- und Speicherräume	9. Hausreinigung und Ungezieferbekämpfung
Reinigung - Gemeinschaftsflächen	9. Hausreinigung und Ungezieferbekämpfung
Reinigung - Gully	
Reinigung - Kellertreppen	8. Straßenreinigung und Müllbeseitigung
Reinigung - Sickerschacht	9. Hausreinigung und Ungezieferbekämpfung
Reinigung - Straßenreinigung (öffentlich)	9. Hausreinigung und Ungezieferbekämpfung

Betriebskosten von A-Z	**Umlagefähig nach § 2 BetrKV / nicht umlagefähig**
Reinigung - Waschküche und Trockenräume	9. Hausreinigung und Ungezieferbekämpfung
Rohrbegleitheizung - Wartung, Pflege, Überprüfung	17. Sonstige Betriebskosten
S	
Sauna (gemeinschaftlich) - Wartung, Pflege, Reinigung, Überprüfung	17. Sonstige Betriebskosten
Schneebeseitigung	8. Straßenreinigung und Müllabfuhr
Schornsteinfeger	12. Schornsteinreinigung
Schwimmbad (gemeinschaftlich - Wartung, Pflege, Reinigung, Überprüfung	17. Sonstige Betriebskosten
Sickerschacht - Reinigung	9. Hausreinigung und Ungezieferbekämpfung
Spielplatz - Pflege	10. Gartenpflege
Spielsand - Austausch	10. Gartenpflege
Sturmversicherung	13. Sach- und Haftpflichtversicherungen
T	
Tankreinigung	Nicht umlagefähig
Tanküberprüfung zur Wahrung des Versicherungsschutzes	17. Sonstige Betriebskosten
Taubenabwehr - Installation	Nicht umlagefähig
Taubenabwehr - Sicherheitskontrollen	9. Hausreinigung und Ungezieferbekämpfung
Tiefgarage - Reinigung	17. Sonstige Betriebskosten
Tiefgaragentor - Reinigung	9. Hausreinigung und Ungezieferbekämpfung
Tiefgaragentor - Wartung	17. Sonstiges Betriebskosten
U	
Ungezieferbekämpfung (einmalig und andauernd)	9. Hausreinigung und Ungezieferbekämpfung
V	
Versicherung - Elementar	13. Sach- und Haftpflichtversicherungen
Versicherung - Feuer	13. Sach- und Haftpflichtversicherungen
Versicherung - Gewässerschädenhaftpflicht	13. Sach- und Haftpflichtversicherungen

Betriebskosten von A-Z	**Umlagefähig nach § 2 BetrKV / nicht umlagefähig**
Versicherung - Glas (Gemeinschafts-	13. Sach- und Haftpflichtversicherungen
flächen)	
Versicherung - Glas (privat)	Nicht umlagefähig
Versicherung - Haftpflicht privat	Nicht umlagefähig
Versicherung - Hagel	13. Sach- und Haftpflichtversicherungen
Versicherung Hausrat	13. Sach- und Haftpflichtversicherungen
Versicherung- Leitungswasserschäden	Nicht umlagefähig
Versicherung - Haus- und Grundbesitzer-	
haftpflicht	13. Sach- und Haftpflichtversicherungen
Versicherung - Rechtsschutz	Nicht umlagefähig
Versicherung - Sturm	13. Sach- und Haftpflichtversicherungen
Versicherung-Vermögensschaden Haft-	
pflichtversicherungen (z. B. für Verwal-	
tungsbeiräte)	Nicht umlagefähig
Verstopfung - Dachrinne	Nicht umlagefähig
Verstopfung - Rohrverstopfung	Nicht umlagefähig
Verwaltungskosten allgemein	Nicht umlagefähig
W	5. Warmwasserkosten
Warmwasser - Einstellarbeiten von Warm-	
wassergeräten	5. Warmwasserkosten
Warmwasser - Kosten für Erwärmung	Nicht umlagefähig
Waschmaschine (gemeinschaftlich) - Kauf	
Waschmaschine (gemeinschaftlich) - War-	16. Maschinelle Wascheinrichtungen
tung, Pflege, Reinigung, Überprüfung	2. Wasserversorgung
Wasser - Aufbereitungsstoffe	2. Wasserversorgung
Wasser hausinterne Versorgungsanlage	
(Betriebskosten)	2. Wasserversorgung
Wasserverbrauch	2. Wasserversorgung
Wasserzähler Eichkosten	2. Wasserversorgung
Wasserzähler Mietkosten und Grundge-	
bühren	2. Wasserversorgung
Wasserzähler Zwischenzähler	
Z	
Zufahrten - Pflege	10. Gartenpflege
Zwischenablesung für Heizkosten	Nicht umlagefähig

7. Die Wärmekostenabrechnung

Für viele Haus- und Wohnungseigentümer sowie Mieter ist die Heizkostenabrechnung eine eher unüberschaubare Angelegenheit. Mit etwas Grundwissen ist sie aber leicht nachvollziehbar und nachzurechnen.

Wichtig zu wissen ist zunächst einmal, dass die Heizkostenabrechnung abgegrenzt werden muss. Dies bedeutet, dass die angefallenen Kosten unabhängig von Zeitpunkt der Rechnungsstellung in den Abrechnungszeitraum eingebracht werden müssen.

7.1 Erläuterungen zum Heizkostenverteilerschlüssel

Der Heizkostenverteilerschlüssel spielt nur dann eine Rolle, wenn eine gemeinschaftliche Heizanlage von mehreren Einheiten verwendet wird, und regelt das Abrechnungsverhältnis zwischen Verbrauchs- und Grundkosten. Das klassische Beispiel dafür sind Mehrfamilienhäuser. Es existieren auch Heizanlagen, die mehrere Häuser versorgen.

Gemäß Heizkostenabrechnungsverordnung sind Heizkostenverteilerschlüssel von 30 bis 50 % nach Grundkosten zulässig. Oft wird es seitens der Nutzer als ungerecht empfunden, wenn jede Wohnung zum festgesetzten Prozentsatz an den Grundkosten beteiligt ist. Gerade Eigentümer von Wohnungen, die nicht dauerhaft bewohnt werden, fühlen sich im Nachteil.

Die Gründe für diese Regelung sind folgende:

1. In jedem Gebäude befinden sich Wohnungen unterschiedlicher Himmelsrichtungen und außerdem Wohnungen, die außen liegen, und welche, die eher nach innen angeordnet sind (wenig Außenfläche). Würden die Heizkosten nun ausschließlich nach Verbrauch gerechnet, ergäben sich bei gleichen Raumtemperaturen für die Mittelwohnungen geringere Kosten als für Eck- oder Dachwohnungen, da deren Bewohner mehr heizen müssen, um die gleichen Raumtemperaturen zu erlangen, zumal Wohnungen mit Südwestausrichtungen mehr Sonnenenergie abbekommen als nordöstlich gelagerte.

2. Außerdem entstehen bei dem Betrieb jeder Heizanlage und durch den Transport der Wärme durch die Leitungen Grundwärmeverluste, die von allen Heizungsnutzern getragen werden müssen.

Damit diese Parameter Berücksichtigung finden, gibt es den Heizkostenverteilerschlüssel.

Eigentümer eines Mehrfamilienhauses können den Heizkostenverteilerschlüssel im Rahmen der Heizkostenverordnung selbst bestimmen. Bei Wohnungseigentümergemeinschaften ist dieser häufig in der Gemeinschaftsordnung vorgegeben und kann in der Regel per Beschlussfassung basierend auf einem wichtigen Grund geändert werden.

7.2 Messverfahren und Verteilerprinzip

Die Erfassung der für die Heizkostenabrechnung relevanten Verbrauchswerte kann auf zwei unterschiedliche Weisen erfolgen:

7.2.1 Physikalische Messung nach dem Durchflussprinzip
Kalt- und Warmwasserzähler sowie Wärmemengenzähler funktionieren nach diesem Prinzip. Diese Zähler sind stets am Durchfluss angebracht und müssen regelmäßig geeicht werden, damit die ordnungsgemäße Funktion sichergestellt ist. Dies bedeutet: Füllt man einen Zehn-Liter-Eimer mit kaltem Wasser, sollte auf dem Kaltwasserzähler die Entnahme dieser zehn Liter angezeigt werden.

Wärmemengenzähler erfassen die Menge Wärme, die durch die Heizungsrohre in eine Wohnung geleitet wird, und messen ebenfalls den Durchfluss.

Kaltwasserzähler müssen alle sechs Jahre, Warmwasser- und Wärmemengenzähler alle fünf Jahre geeicht werden. Der Einfachkeit halber werden die Geräte einfach durch neu geeichte Geräte ersetzt.

7.2.2 Verteilerprinzip
Die Heizwärme wird hier mittels Heizkostenverteilern erfasst, die entweder elektronisch mit einem oder mehreren Fühlern oder mittels Verdunstung funktionieren.

Verdunster: Ein Glasröhrchen mit der Verdunsterflüssigkeit, welches jährlich im Zuge der Heizungsablesung ausgetauscht wird, ist im oberen Drittel in der Mitte eines Heizkörpers angebracht und verfügt über eine gestrichelte Skala. Bei Inbetriebnahme des Heizkörpers verdunstet ein Teil der Flüssigkeit. Die Flüssigkeit verdunstet aber auch dann, wenn anderweitig erzeugte Wärme auf den Heizkostenverteiler trifft (Sonnenwärme oder Kaminfeuer). Um diese Kaltverdunstung auszugleichen, werden die Glasröhrchen bereits mit einem gewissen Prozentsatz Verdunsterflüssigkeit über die Skala hinaus ausgeliefert. Zudem ist die Skala gestaffelt – dies bedeutet, dass die Striche der Skala am Anfang der Skala größere Abstände aufweisen als am Ende der Skala, da prozentual immer mehr Flüssigkeit verdunstet, je mehr Verdunsterflüssigkeit sich im Röhrchen befindet.

Elektronische Heizkostenverteiler: Diese Geräte sind etwas moderner und erlauben eine einfachere Ablesung und somit für den Nutzer einer Wohnung eine bessere Kontrolle über den Heizwärmeverbrauch. Zudem bieten sie die Möglichkeit, die Werte zum Ende einer Abrechnungsperiode taggenau zu speichern. Das Prinzip ist aber das gleiche: Wird Heizwärme angefordert, so entstehen Werte auf dem Zähler.

Ein Heizungsableser erfasst einmal jährlich die Heizkostenverteilereinheiten pro Wohnung und des gesamten Gebäudes. Die ermittelten Gesamtkosten werden dann vereinfacht durch die Gesamtzahl der Heizkostenverteilereinheiten geteilt. Somit entsteht der Wert einer Heizkostenverteilereinheit. Danach werden die Heizkostenverteilereinheiten pro Heizkörper ermittelt – Heizkörper können unterschiedliche Größen haben, und somit wird ein Ausgleich mittels eines bestimmten Faktors geschaffen; die so ermittelten Heizkostenverteilereinheiten werden dann mit dem Wert einer Heizkostenverteilereinheit multipliziert, und so ergibt sich der Anteil an den Heizkosten.

Beispiel (vereinfacht):

Ermittelte Gesamtheizkosten:	**EUR 5.489,00**
Zahl der insgesamt abgelesenen Heizkostenverteilereinheiten:	1.467
Zahl der in einer Wohnung abgelesenen Heizkostenverteilereinheiten:	356
Wohnungsgröße:	76 m^2
Gesamtwohnfläche:	449 m^2

5.489 : 1.467 = EUR 3,74 entfallen auf jede verbrauchte Heizkostenverteilereinheit. Somit werden die Heizkostenverteilereinheiten für eine Wohnung mit dem ermittelten Wert multipliziert.
356 x 3,74 = EUR 1.331,44 Kostenanteil.

Um den Heizkostenverteilerschlüssel einzubeziehen, werden die Gesamtkosten zunächst aufgeteilt. Am oben genannten Beispiel ergibt sich mit einem Heizkostenverteilerschlüssel von 30 % nach Grundkosten und 70 % nach Verbrauchskosten folgende Berechnung:

EUR 5.489,00 Gesamtkosten ergeben EUR 1.646,70 (30 %) Grundkosten und EUR 3.842,30 (70 %) Verbrauchskosten.

Ermittlung der Grundkosten:
EUR 1.646,70 : 449 m^2 (Gesamt-Wohnfläche) x 76 m^2 (Wohnungsgröße) = EUR 278,73

Ermittlung der Verbrauchskosten:
EUR 3.842,30 : 1.467 (Heizkostenverteilereinheiten gesamt)= EUR 2,61 pro Heizkostenverteilereinheit

356 (Heizkostenverteilereinheiten für eine Wohnung) x 2,61 = EUR 929,16 Verbrauchskostenanteil

Danach werden Grundkosten- und Verbrauchskostenanteil addiert, um auf die Gesamtsumme der anteiligen Heizkosten zu kommen. Bezogen auf das Beispiel sind dies EUR 1.007,89.

Die Heizkostenverteilereinheiten pro Raum sowie die Faktoren zum Ausgleich der Heizkörpergrößen sind stets auf der Heizkostenabrechnung abgedruckt und können nachvollzogen werden. Das Verteilungsprinzip ist auch der Grund, warum in den meisten Fällen nicht direkt nach Auszug eines Mieters oder Eigentümers eine Zwischenabrechnung erstellt werden kann – ohne die vorliegenden Gesamtkosten können diese nicht verteilt werden.

7.2.3 Zeitanteilige Kostenverteilung und Schätzung

Die Gesamt-Heizkosten für eine Einheit können nicht mittels einfacher Verteilerrechnung auf die Nutzer aufgeteilt werden, da in jedem Monat individuell geheizt werden muss. Es versteht sich von selbst, dass ein Nutzer, der eine Wohnung von Oktober bis Mai bewohnt, wesentlich mehr Heizkosten produziert als ein Mieter, der von Juni bis September in der Wohnung wohnt.

Somit ist eine Zwischenablesung bei Auszug des Nutzers erforderlich – diese kann auch durch die beteiligten Personen selbst erfolgen. Wichtig ist, zu jedem Zählerstand die Zählernummer zu notieren und, bei Heizkostenverteilern nach dem Verdunstungsprinzip, den Raum und den Heizkörper anzugeben. Dieses Übergabeprotokoll muss der Heizkostenabrechnungsfirma zur Kenntnis gebracht werden. In der Praxis geschieht dies oft über die zuständige Hausverwaltung, die die Ablesewerte weitergibt.

Es kommt immer wieder vor, dass ein Verbrauchserfassungsgerät seinen Dienst versagt oder z. B. durch eine Einbauküche so verbaut ist, dass eine Ablesung nicht möglich ist. Gemäß Heizkostenverordnung müssen die Zähler zwar zur Ablesung zugänglich gemacht werden, in der Praxis aber kann kein Mieter dazu gezwungen werden, etwa einen Küchenschrank abzubauen. So muss der Verbrauch der verbauten Zähler geschätzt werden, was zum Nachteil des Nutzers sein kann.

Die Verbrauchsschätzung erfolgt durch die Heizkostenabrechnungsunternehmen nach Gradtagszahlen. Diese werden vom Deutschen Wetterdienst ermittelt und stellen einen Maßstab für den Temperaturverlauf einer Heizperiode dar.

Erläuterung zu den Gradtagszahlen: Grundkosten für die Heizung werden bei Nutzerwechsel in der Regel nach den in der Heizkostenverordnung genannten Gradtagszahlen auf den Vor- und Nachmieter aufgeteilt. Die Verbrauchskosten für die Heizung werden dann nach Gradtagszahlen aufgeteilt, wenn eine Zwischenablesung fehlt, wenn sie unsinnig wäre oder versäumt wurde. Verwendung finden die Gradtagszahlen nur dann, wenn innerhalb einer Abrechnungsperiode ein Nutzerwechsel stattfindet. Um zu ermitteln, welche Anteile die Nutzer an den Gesamtkosten der Wohnung haben, muss eine Trennung erfolgen. Im Winter besteht ein wesentlich höherer Heizbedarf als im Sommer, daher entstehen im Winter die höheren Heizkosten.

Daher wäre es falsch, die Verbrauchseinheiten zeitanteilig auf die Monate umzulegen. Je höher eine Gradtagszahl, desto kälter war es und um so mehr musste geheizt werden. Effektive Gradtagszahlen gibt es für jeden Monat eines Jahres und für verschiedene Regionen in Deutschland; sie werden aber nicht für die Kostentrennung in den Heizkostenabrechnungen verwendet, da dies viel zu aufwändig und nicht mehr nachvollziehbar wäre. Deshalb werden in der Heizungstechnik und für Heizkostenabrechnungen Werte verwendet, die aus einem 20-Jahres-Mittel gebildet wurden. Die Berechnung basiert auf der Norm VDI 2067 (Blatt 1). Danach hat jeder Monat und jeder Tag einen bestimmten Promilleanteil am Gesamtheizbedarf eines Jahres. So ist z. B. der Januar der kälteste Monat des Jahres und hat den höchsten Anteil mit 170 Promille des Heizbedarfs, der Mai als Frühlingsmonat dagegen nur 40 Promille.

In der Praxis kommt es öfter vor, dass eine Einheit von den Bewohnern nicht zugänglich gemacht wird, der Ableser also keinen Zugang zu den Messeinheiten erhält. In einem solchen Fall wird ebenfalls die Schätzung nach Gradtagszahlen vorgenommen. Grundsätzlich schadet eine Schätzung zwischendurch den Interessen des Nutzers nicht, vorausgesetzt, es handelt sich um ein längerfristiges Mietverhältnis: Fällt eine Schätzung ein wenig höher aus, als der Verbrauch gewesen wäre, würde sich dies für den Nutzer nach der Jahresablesung im Jahr darauf wieder ausgleichen.

Probleme kann es in der Praxis bei Schätzungen dann geben, wenn die Nutzer entweder mehrere Jahre nacheinander die Einheit nicht zugänglich machen oder aber nach einer etwas höheren Schätzung ausziehen. Der Ausgleich mit dem Nachmieter fällt meistens zu Ungunsten des ersten Nutzers aus. Wurden seitens der Heizkostenabrechnungsfirma nachweislich mehrere zumutbare Ablesetermine angeboten, hat der Nutzer dies in der Regel hinzunehmen.

7.3 Abrechnung nach Heizkostenverordnung

Die für die ordnungsmäßige Verwaltung sowie Betriebskostenabrechnung relevanten Paragrafen der Verordnung über die verbrauchsabhängige Abrechnung der Heiz- und Warmwasserkosten sind die §§ 4 bis 8. Diese lauten wie folgt (Rechtsstand 2011):

§ 4 Pflicht zur Verbrauchserfassung

(1) Der Gebäudeeigentümer hat den anteiligen Verbrauch der Nutzer an Wärme und Warmwasser zu erfassen.

(2) Er hat dazu die Räume mit Ausstattungen zur Verbrauchserfassung zu versehen; die Nutzer haben dies zu dulden. Will der Gebäudeeigentümer die Ausstattung zur Verbrauchserfassung mieten oder durch eine andere Art der Gebrauchsüberlassung beschaffen, so hat er dies den Nutzern vorher unter Angabe der dadurch entstehenden Kosten mitzuteilen; die Maßnahme ist unzulässig, wenn die Mehrheit der Nutzer innerhalb eines Monats nach Zugang der Mitteilung widerspricht. Die Wahl der Ausstattung bleibt im Rahmen des § 5 dem Gebäudeeigentümer überlassen.

(3) Gemeinschaftlich genutzte Räume sind von der Pflicht zur Verbrauchserfassung ausgenommen. Dies gilt nicht für Gemeinschaftsräume mit nutzungsbedingt hohem Wärme- oder Warmwasserverbrauch wie Schwimmbäder oder Saunen.

(4) Der Nutzer ist berechtigt, vom Gebäudeeigentümer die Erfüllung dieser Verpflichtungen zu verlangen.

§ 5 Ausstattung zur Verbrauchserfassung

(1) Zur Erfassung des anteiligen Wärmeverbrauchs sind Wärmezähler oder Heizkostenverteiler, zur Erfassung des anteiligen Warmwasserverbrauchs Warmwasserzähler oder andere geeignete Ausstattungen zu verwenden. Soweit nicht eichrechtliche Bestimmungen zur Anwendung kommen, dürfen nur solche Ausstattungen zur Verbrauchserfassung verwendet werden, hinsichtlich derer sachverständige Stellen bestätigt haben, dass sie den anerkannten Regeln der Technik entsprechen oder dass ihre Eignung auf andere Weise nachgewiesen wurde. Als sachverständige Stellen gelten nur solche Stellen, deren Eignung die nach Landesrecht zuständige Behörde im Benehmen mit der Physikalisch-Technischen Bundesanstalt bestätigt hat. Die Ausstattungen müssen für das jeweilige Heizsystem geeignet sein und so angebracht werden, dass ihre technisch einwandfreie Funktion gewährleistet ist.

(2) Wird der Verbrauch der von einer Anlage im Sinne des § 1 Absatz 1 versorgten Nutzer nicht mit gleichen Ausstattungen erfasst, so sind zunächst durch Vorerfassung vom Gesamtverbrauch die Anteile der Gruppen von Nutzern zu erfassen, deren Verbrauch mit gleichen Ausstattungen erfasst wird. Der Gebäudeeigentümer kann auch bei unterschiedlichen Nutzungs- oder Gebäudearten oder aus anderen sachgerechten Gründen eine Vorerfassung nach Nutzergruppen durchführen.

§ 6 Pflicht zur verbrauchsabhängigen Kostenverteilung

(1) Der Gebäudeeigentümer hat die Kosten der Versorgung mit Wärme und Warmwasser auf der Grundlage der Verbrauchserfassung nach Maßgabe der §§ 7 bis 9 auf die einzelnen Nutzer zu verteilen. Das Ergebnis der Ablesung soll dem Nutzer in der Regel innerhalb eines Monats mitgeteilt werden. Eine gesonderte Mitteilung ist nicht erforderlich, wenn das Ableseergebnis über einen längeren Zeitraum in den Räumen des Nutzers gespeichert ist und von diesem selbst abgerufen werden kann. Einer gesonderten Mitteilung des Warmwasserverbrauchs bedarf es auch dann nicht, wenn in der Nutzeinheit ein Warmwasserzähler eingebaut ist.

(2) In den Fällen des § 5 Absatz 2 sind die Kosten zunächst mindestens zu 50 vom Hundert nach dem Verhältnis der erfassten Anteile am Gesamtverbrauch auf die Nutzergruppen aufzuteilen. Werden die Kosten nicht vollständig nach dem Verhältnis der erfassten Anteile am Gesamtverbrauch aufgeteilt, sind

1. die übrigen Kosten der Versorgung mit Wärme nach der Wohn- oder Nutzfläche oder nach dem umbauten Raum auf die einzelnen Nutzergruppen zu verteilen; es kann auch die Wohn- oder Nutzfläche oder der umbaute Raum der beheizten Räume zu Grunde gelegt werden,
2. die übrigen Kosten der Versorgung mit Warmwasser nach der Wohn- oder Nutzfläche auf die einzelnen Nutzergruppen zu verteilen.

Die Kostenanteile der Nutzergruppen sind dann nach Absatz 1 auf die einzelnen Nutzer zu verteilen.

(3) In den Fällen des § 4 Absatz 3 Satz 2 sind die Kosten nach dem Verhältnis der erfassten Anteile am Gesamtverbrauch auf die Gemeinschaftsräume und die

übrigen Räume aufzuteilen. Die Verteilung der auf die Gemeinschaftsräume entfallenden anteiligen Kosten richtet sich nach rechtsgeschäftlichen Bestimmungen.
(4) Die Wahl der Abrechnungsmaßstäbe nach Absatz 2 sowie nach § 7 Absatz 1 Satz 1, §§ 8 und 9 bleibt dem Gebäudeeigentümer überlassen. Er kann diese für künftige Abrechnungszeiträume durch Erklärung gegenüber den Nutzern ändern

1. bei der Einführung einer Vorerfassung nach Nutzergruppen,
2. nach Durchführung von baulichen Maßnahmen, die nachhaltig Einsparungen von Heizenergie bewirken, oder
3. aus anderen sachgerechten Gründen nach deren erstmaliger Bestimmung.

Die Festlegung und die Änderung der Abrechnungsmaßstäbe sind nur mit Wirkung zum Beginn eines Abrechnungszeitraumes zulässig.

§ 7 Verteilung der Kosten der Versorgung mit Wärme

(1) Von den Kosten des Betriebs der zentralen Heizungsanlage sind mindestens 50 vom Hundert, höchstens 70 vom Hundert nach dem erfassten Wärmeverbrauch der Nutzer zu verteilen. In Gebäuden, die das Anforderungsniveau der Wärmeschutzverordnung vom 16. August 1994 (BGBl. I S. 2121) nicht erfüllen, die mit einer Öl- oder Gasheizung versorgt werden und in denen die freiliegenden Leitungen der Wärmeverteilung überwiegend gedämmt sind, sind von den Kosten des Betriebs der zentralen Heizungsanlage 70 vom Hundert nach dem erfassten Wärmeverbrauch der Nutzer zu verteilen. In Gebäuden, in denen die freiliegenden Leitungen der Wärmeverteilung überwiegend ungedämmt sind und deswegen ein wesentlicher Anteil des Wärmeverbrauchs nicht erfasst wird, kann der Wärmeverbrauch der Nutzer nach anerkannten Regeln der Technik bestimmt werden. Der so bestimmte Verbrauch der einzelnen Nutzer wird als erfasster Wärmeverbrauch nach Satz 1 berücksichtigt. Die übrigen Kosten sind nach der Wohn- oder Nutzfläche oder nach dem umbauten Raum zu verteilen; es kann auch die Wohn- oder Nutzfläche oder der umbaute Raum der beheizten Räume zu Grunde gelegt werden.

(2) Zu den Kosten des Betriebs der zentralen Heizungsanlage einschließlich der Abgasanlage gehören die Kosten der verbrauchten Brennstoffe und ihrer Liefe-

rung, die Kosten des Betriebsstromes, die Kosten der Bedienung, Überwachung und Pflege der Anlage, der regelmäßigen Prüfung ihrer Betriebsbereitschaft und Betriebssicherheit einschließlich der Einstellung durch eine Fachkraft, der Reinigung der Anlage und des Betriebsraumes, die Kosten der Messungen nach dem Bundes-Immissionsschutzgesetz, die Kosten der Anmietung oder anderer Arten der Gebrauchsüberlassung einer Ausstattung zur Verbrauchserfassung sowie die Kosten der Verwendung einer Ausstattung zur Verbrauchserfassung einschließlich der Kosten der Eichung sowie der Kosten der Berechnung, Aufteilung und Verbrauchsanalyse. Die Verbrauchsanalyse sollte insbesondere die Entwicklung der Kosten für die Heizwärme- und Warmwasserversorgung der vergangenen drei Jahre wiedergeben.

(3) Für die Verteilung der Kosten der Wärmelieferung gilt Absatz 1 entsprechend.

(4) Zu den Kosten der Wärmelieferung gehören das Entgelt für die Wärmelieferung und die Kosten des Betriebs der zugehörigen Hausanlagen entsprechend Absatz 2.

§ 8 Verteilung der Kosten der Versorgung mit Warmwasser

(1) Von den Kosten des Betriebs der zentralen Warmwasserversorgungsanlage sind mindestens 50 vom Hundert, höchstens 70 vom Hundert nach dem erfassten Warmwasserverbrauch, die übrigen Kosten nach der Wohn- oder Nutzfläche zu verteilen.

(2) Zu den Kosten des Betriebs der zentralen Warmwasserversorgungsanlage gehören die Kosten der Wasserversorgung, soweit sie nicht gesondert abgerechnet werden, und die Kosten der Wassererwärmung entsprechend § 7 Absatz 2. Zu den Kosten der Wasserversorgung gehören die Kosten des Wasserverbrauchs, die Grundgebühren und die Zählermiete, die Kosten der Verwendung von Zwischenzählern, die Kosten des Betriebs einer hauseigenen Wasserversorgungsanlage und einer Wasseraufbereitungsanlage einschließlich der Aufbereitungsstoffe.

(3) Für die Verteilung der Kosten der Warmwasserlieferung gilt Absatz 1 entsprechend.

(4) Zu den Kosten der Warmwasserlieferung gehören das Entgelt für die Lieferung des Warmwassers und die Kosten des Betriebs der zugehörigen Hausanlagen entsprechend § 7 Absatz 2.

Kurz gefasst:

- Heizkostenverteilerschlüssel von 50/50 bis 70/30
- Der Verbrauch muss bei mehr als zwei Wohnungen im Haus zwingend erfasst und abgerechnet werden.

7.4 Eingabe zur Wärmekostenabrechnung

Hier sind zwei Bestandteile gefordert: Die Kostenaufstellung und die Nutzerliste.

Die Kostenaufstellung dient der Heizkostenabrechnungsfirma zur Ermittlung der Gesamt-Heizkosten. Folgende Kosten müssen vom Hauseigentümer oder der Hausverwaltung mitgeteilt werden:

- Brennstoff-, bzw. Wärmeeinkauf
- Kosten für den Betriebsstrom der Heizung
- Kosten für den Schornsteinfeger
- Kosten für die Heizungswartung

Für die Kosten des Brennstoffeinkaufs ist bei Bezug von Gas oder Fernwärme nichts weiter zu beachten, außer, dass die Schlussrechnungen zum Stichtag des Abrechnungszeitraums abgewartet werden müssen.

Beispiel: Über das Wirtschaftsjahr (in diesem Beispiel das Kalenderjahr) hinweg wurden Abschlagszahlungen auf den Bezug von Erdgas geleistet. Die Eingabe zur Heizkostenabrechnung kann erst dann erfolgen, wenn die Schlussrechnung vorliegt, die in den meisten Fällen Anfang Januar eintrifft, da erst zu diesem Zeitpunkt die Gesamtkosten für den Gasbezug feststehen.

Anders sieht es bei Brennstoffen aus, die nicht ganz verarbeitet werden – also Brennstoffen, die zum Ende des Abrechnungszeitraums noch nicht verbraucht wurden. Beispiele sind Heizöl oder Holzpellets. Über das Jahr werden die Brennstoffe zu unterschiedlichen Preisen bezogen. Diese Angabe ist für die Heizkostenabrechnung wichtig. Es ist genau anzugeben, wie viele Liter Heizöl wann und zu welchem Preis bezogen wurden. Ferner sind zum Ende des Abrechnungszeitraums die Restbestände zu ermitteln und von der jeweils zuletzt gekauften Menge in Abzug zu bringen, so dass diese nicht verbrauchte Menge auf das nächste Jahr übertragen wird.

Dies ist wichtig, um den Nutzern zu gewährleisten, dass wirklich nur die tatsächliche verbrauchte Menge an Heizöl in die Heizkostenabrechnung einfließt.

Beispiel: Über das Kalenderjahr wurde dreimal Heizöl zu folgenden Preisen eingekauft:

Lieferung 1:	10.1.	2.754 Liter	EUR 1.514,70 (Literpreis 55 ct)
Lieferung 2:	24.8.	1.300 Liter	EUR 624,00 (Literpreis 48 ct)
Lieferung 3:	20.10.	3.590 Liter	EUR 1.687,30 (Literpreis 47 ct)

Dies ergibt eine Gesamtsumme von EUR 3.826,00. Diese Gesamtsumme darf so aber nicht angesetzt werden! Richtig ist die folgende Vorgehensweise:

Zu berücksichtigen ist der Anfangsbestand an Heizöl, welcher zum 1.1. (Beginn des Abrechnungszeitraums) im Tank war, und zu welchem Preis dieses Öl einkauft wurde und der Endbestand, der am 31.12. (Ende des Abrechnungszeitraums) noch im Tank war. In diesem Fall:

Anfangsbestand	1.1.	1.589 Liter	EUR 937,51 (Literpreis 59 ct)

Dazu zählen die o. g. Einkäufe:

Lieferung 1:	10.1.	2.754 Liter	EUR 1.514,70 (Literpreis 55 ct)
Lieferung 2:	24.8.	1.300 Liter	EUR 624,00 (Literpreis 48 ct)
Lieferung 3:	20.10.	3.590 Liter	EUR 1.687,30 (Literpreis 47 ct)

abzüglich des Endbestands zum 31.12.

Endbestand	31.12.	2.600 Liter	EUR 1.222,00 (Literpreis 47 ct)

Das ergibt die Gesamtkosten für den Heizöleinkauf für das Wirtschaftsjahr:

Kosten zum 31.12. 6.633 Liter EUR 3.541,51

Erläuterung: Der Literpreis des Endbestands ergibt sich aus dem letzten Heizöleinkauf vom 20.10.. Es gilt stets das Prinzip „First In – First Out". Das Öl also, welches am längsten im Tank ist, wird am ehesten verbraucht. Somit ergibt sich für die Eingabe zur Heizkostenabrechnung die o. g. Gesamtsumme von EUR 3.541,51.

Der Betriebsstrom für die Heizung wird entweder vorzugsweise durch einen Zwischenzähler ermittelt, oder es muss ein Prozentsatz in Höhe von 3 bis 5 % des Gesamtenergieverbrauchs (Brennstoffkosten) in Ansatz gebracht werden. Achtung: Dieser ermittelte Wert ist folglich von der Gesamtstromrechnung abzuziehen.

Die Kosten für die Heizungswartung und den Schornsteinfeger können den Rechnungen entnommen werden. Wichtig ist zu berücksichtigen, dass etwaige Instandsetzungs- und Instandhaltungsanteile der Heizungswartung herausgerechnet werden, da diese nicht auf die Mieter umlagefähig sind!

7.5 Überprüfen der Wärmekostenabrechnung

Wenn Sie sich das Kapitel über die Wärmekostenabrechnung durchgelesen und die beispielhaften Berechnungen nachvollzogen haben, sollte die Überprüfung der Heizkostenabrechnung – entweder für eine einzelne Wohnung oder für ein gesamtes Gebäude – kein Problem mehr darstellen.

Wichtig ist die Überprüfung „in Kette", also das Vergleichen der Ablesequittung mit den angegebenen Werten auf der Heizkostenabrechnung usw.

Folgende Punkte können nur durch Verwalter oder Vermieter von Mehrfamilienhäusern geprüft werden:

- Vergleichen der Gesamtabrechnung mit der des Vorjahres: Weichen die Kosten bei ungefähr gleicher Belegung unverhältnismäßig voneinander ab?

Tipp: Sind die Heizkosten in einer Wohnung im Vergleich zum Vorjahr ohne Änderung des Nutzerverhaltens extrem gestiegen, sollte eine technische Überprüfung der Heizung (Heizanlage und betroffene Heizkörper), bzw. der Zähler erfolgen.

- Vergleich der Eingabedaten mit der Gesamtabrechnung auf Übertragungsfehler

Folgender Punkt kann nur vom Nutzer geprüft werden, da i. d. R. nur dieser eine Ablesequittung hat:

- Überprüfen der Ablesequittung mit den Werten der Einzelabrechnung auf Übertragungsfehler

Tipp: Wenn wegen elektronischer Erfassung keine Ablesequittung ausgegeben wird, kann der Nutzer sich die Werte im Beisein des Ablesers notieren, damit ein Abgleich möglich ist.

Allgemein:

- Sind die Berechnungen auf der Abrechnung nachvollziehbar?

7.6 Beispiel für eine Heizkostenabrechnung

Heiz- und Warmwasserkosten-Abrechnung

Erstellt im Auftrag von:	für Nutzeinheit: EG LI	Liegenschafts-Nr. A-0 12 Nutzer-Nr. 1.0

Herrn/Frau/Firma	**Abrechnungszeitraum**		
	1.01.2010 - 31.12.2010	=	366 Tage
		=	1000-Promille-Anteil
	Ihr Nutzungszeitraum		
	1.01.2010 - 14.12.2010	=	349 Tage
		=	912-Promille-Anteil
	Abrechnung erstellt am 21.06.2009		

Kostenaufstellung

Energiekosten	Menge Öl	Betrag EUR
Anfangsbestand	10.500 l	3.670,03
Bezüge:		
14.07.2010	10.593 l	3.920,00
06.10.2010	8.613 l	4.038,86
abzügl. Endbestand	10.000-l	4.552,13-
Brennstoffkosten	**19.706 l**	**7.076,76**

Kosten der Heizungsanlage	Datum	Betrag EUR
Übertrag Brennstoffkosten		7.076,76
Betriebsstrom	31.12.2010	353,84
Kaminkehrer + Messung	29.12.2010	158,91
Eichservice	04.05.2010	29.841,00
Verbrauchsabrechnung		802,01

Summe der Kosten		**38.232,52**
Sonderkosten		20,06*
Nutzerwechselgebühr		39,84*
Gesamtbetrag Liegenschaft		**38.292,42**

** auf einzelne Nutzer zu verteilende Kosten*

Aufteilung der Kosten

Aufteilung der Kosten von	38.232,52 EUR			
Heizung:	28.051,20 EUR, davon	50 % Grundkosten	=	14.025,60 EUR
		50 % Verbrauchskosten	=	14.025,60 EUR
Warmwasser:	10.181,32 EUR, davon	50 % Grundkosten	=	5.090,66 EUR
		50 % Verbrauchskosten	=	5.090,66 EUR

Erläuterung zur Ermittlung der Warmwasserkosten

2,5 x 419,89 Kubikmeter x (60-10) Grad / 10,00 kWh/l = 5.249 l Öl wurden für die Wassererwärmung benötigt, das entspricht 26,63 % des Gesamtverbrauchs.

Die Warmwasserkosten errechnen sich somit aus 26,63 % der Kosten von 38.232,52 EUR = 10.181,32 EUR

Ihre Abrechnung

	Betrag EUR		Gesamteinheiten		Betrag je Einheit		Ihre Einheiten		Zeitfaktor		Ihre Kosten EUR
Heizung:											
Grundkosten	14.025,60	:	1.258,37 qm Wohnfläche	=	11,145847	x	95,41	x	912/1000	=	969,84
Verbrauchskosten	14.025,60	:	2.272,90 Stricheinheiten	=	6,170795	x	307,20	x	912/1000	=	1.728,85
Warmwasser:											
Grundkosten	5.090,66	:	1.258,37 qm Wohnfläche	=	4,045439	x	95,41	x	349/366	=	368,05
Verbrauchskosten	5.090,66	:	419,89 Kubikmeter	=	12,123794	x	12,95			=	157,00
Nutzerwechselgebühr											13,28
							Ihre Gesamtkosten				**3.237,02**

Erläuterungen siehe nächste Seite.

Erläuterungen

1. Grundlage für das Abrechnungssystem ist die Heizkostenverordnung in der seit März 1989 geltenden Fassung.

2.a) Erfassung der Wassermenge mittels Durchflusszähler:

$$\frac{2{,}5 \text{ x Wassermenge x (Warmwassertemperatur - 10)}}{\text{Heizwert des Brennstoffs}} = \text{Brennstoffverbrauch für die Wassererwärmung}$$

(Bei Fernwärme wird der Faktor 2,0 statt 2,5 eingesetzt)
Der Anteil der Wassererwärmungskosten zu den Gesamtkosten ergibt sich aus dem Verhältnis des in der Formel ermittelten Brennstoffverbrauchs zum Gesamtstoffverbrauch.

2.b) Wenn die Wassermenge nicht erfasst werden kann, werden für die Wassererwärmung 18 % der zu verteilenden Gesamtkosten angesetzt.

3. Guthaben oder Nachzahlung
Guthaben- oder Nachzahlungsbeträge sind nur mit Ihrer Hausverwaltung zu verrechnen. Leisten Sie keine Zahlungen an uns. Sollte sich ein Nachzahlungsbetrag ergeben haben, bedenken Sie bitte, dass die Nachzahlung allein kein geeigneter Maßstab zum Vergleich der jährlichen Heizkosten sein kann. Wählen Sie bitte hierzu Ihre Gesamtkosten.

4. Tabelle zur Aufteilung bei Nutzerwechsel nach VDI 2067 Blatt 1, Tabelle 22, Ausgabe Dezember 1983

Monat	Promille-Anteile je		Monat	Promille-Anteile je	
	Monat	Tag		Monat	Tag
September	30	30/30 = 1,0	März	130	130/31 = 4,19...
Oktober	80	80/31 = 2,58	April	80	80/30 = 2,66...
November	120	120/30 = 4,0	Mai	40	40/31 = 1,29...
Dezember	160	160/31 = 5,16	Juni }		
Januar	170	170/31 = 5,48	Juli }	40	40/92 = 0,43...
Februar	150	150/28 = 5,38 150/29 = 5,17	August }		
Summe pro Jahr				1.000	

5. Schätzungen
Schätzungen der Verbrauchseinheiten werden erforderlich, wenn nach zwei angebotenen Besuchsterminen keine Ablesung möglich war oder aus anderen Gründen insgesamt oder teilweise keine Verbauchswerte vorliegen. Im Falle einer Schätzung werden von uns folgende Zeichen angedruckt:
S = Einheiten geschätzt nach Vorjahr
H = Einheiten geschätzt nach Hausdurchschnitt
T = Einheiten teilweise geschätzt.
6. Sollten Sie Fragen zur Kostenaufstellung haben, wenden Sie sich bitte an Ihre Hausverwaltung.
7. Die im Zusammenhang mit der Abrechnung benötigten Daten werden im Sinne des Bundesdatenschutzgesetzes verarbeitet.

Erläuterung zur Abrechnung:

Wenn Sie sich diese Heizkostenabrechnung ansehen, können Sie die zu Grunde gelegten Werte unter dem Punkt „Kostenaufstellung“ ersehen. Wenn Sie diese Werte nicht selbst für das Abrechnungsunternehmen zusammengestellt und der Rechnungsprüfung bei der Hausverwaltung nicht beigewohnt haben, können Sie diese Positionen zwar nicht überprüfen, doch in der Regel davon ausgehen, dass sie korrekt sind. Unter „Aufteilung der Kosten“ können Sie den Heizkostenverteilerschlüssel ersehen, der im Beispiel 50 % nach Grundkosten sowie 50 % nach Verbrauchskosten beträgt.

Der Heizkostenverteilerschlüssel ist in Wohnungseigentümergemeinschaften in der Regel entweder in der Teilungserklärung oder der Gemeinschaftsordnung festgeschrieben. Gelegentlich kann auch eine Beschlussfassung der Eigentümer dafür verantwortlich sein, wenn die Prozentsätze abweichen. Die Hausverwaltung wird Ihnen bei Fragen hierzu sicherlich gern weiterhelfen. Gemäß Heizkostenabrechnungsverordnung sind Heizkostenverteilerschlüssel von 30 bis 50 % nach Grundkosten zulässig.

Jede qualifizierte Heizkostenabrechnung weist die entstandenen Kosten durch Grund- und Verbrauchskosten getrennt aus, damit der Nutzer einen guten Überblick hat. Unter „Ihre Abrechnung“ können Sie ersehen, dass die Grundkosten für Heizung sich auf EUR 969,84 belaufen und die Verbrauchskosten auf EUR 1.728,85. Hinzu kommen noch die Wasserkosten (in diesem Beispiel Warmwasser), die mit Grundkosten von EUR 368,05 sowie mit Verbrauchskosten von EUR 157,00 zu Buche schlagen.

Nutzerwechselgebühren, die übrigens nicht auf den Mieter umlagefähig sind, fallen immer dann an, wenn mehrere Heizkostenabrechnungen für unterschiedliche Nutzer in einem Abrechnungszeitraum erstellt werden müssen. Ganz oben können Sie ersehen, dass der betreffende Nutzer die Wohnung vom 1.1. bis 14.12.08 bewohnt hat.

8. Form und Aufbau der Betriebskostenabrechnung

Die Betriebskostenabrechnung sollte so gestaltet sein, dass sie für einen durchschnittlich gebildeten Menschen ohne buchhalterische Kenntnisse nachvollzogen werden kann.

Folgende Angaben sollte eine qualifizierte Betriebskostenabrechnung enthalten:

- Absender (Vermieter)
- Adressat (Mieter)
- Bezeichnung der betreffenden Wohnung (Wohnungsnummer und/oder Lage der Wohnung, z. B. 1. OG rechts); die Wohnung sollte eindeutig identifizierbar sein
- Ausstellungsdatum
- Abrechnungszeitraum
- Gesamtkosten (also die Kosten, die für das gesamte Objekt entstanden sind) pro Position
- ausgewiesener Anteil der entsprechenden Wohnung (bei Mieterwechsel während des Wirtschaftsjahres zeitanteilig) pro Position
- Legende zu den Verteilerschlüsseln
- Original-Heizkosten-Einzelabrechnung als Anlage

-Absender[1]-

-Adressat[2]-

Ort und Datum[3]

Betriebskostenabrechnung

Abrechnungszeitraum: 01.01.2010 bis 31.12.2010 (365 Tage)[4]

für Wohnung: -Adresse[5]-

Verteilerschlüssel			
Wohnungseinheiten:	8		
Garageneinheiten:	12		
Gesamt-Anteile:	1.000		
1.000stel Wohnung:	899,07	Ihre 1.000stel Wohnung:	51,49
1.000stel TG:	100,93	Ihre 1.000stel TG:	8,41
Gesamt-m²:	506,98	Ihre m²:	29,03

Kostenart	**Gesamtkosten in Euro**	**Verteiler Wohnungen**	**Ihr Anteil in Euro**	**Verteiler TG**	**Ihr Anteil in Euro**
Grundsteuer[6]	45,00		45,00		
Heizkosten	444,22		444,22		
Brandversicherung Whg. und TG	188,66	1.000stel	6,11	1.000stel	1,00
Gebäudeversicherung	341,98	1.000stel	19,59		
Haftpflichtversicherung	104,39	1.000stel	5,38	1.000stel	0,88
Sonstiges umlegbar	189,44	1.000stel	9,75	1.000stel	1,59
Allg. Strom Treppenh.	74,23	1.000stel	4,25		
Strom Tiefgarage	209,16			1.000stel	17,43
Müllabfuhr	640,80	1.000stel	36,70		
Hausreinigung	1.636,92	m²	93,73		
Hausmeister	1.565,76	1.000stel	80,62	1.000stel	13,17
TG-Tor Wartung	125,28			1.000stel	10,44

Fortsetzung nächste Seite

Gesamtkosten:	5.565,84	745,35	44,51

Berechnung des Guthabens bzw. der Nachzahlung:

Ihre Betriebskostenvorauszahlung[7]	840,00
abzüglich Kosten gem. obiger Aufstellung (Wohnung und Tiefgarage)	789,86
ergibt Guthaben	50,14

Das Guthaben überweisen wir Ihnen auf Ihr Konto. **oder**

Eine evtl. Nachzahlung bitten wir, baldmöglichst auf das Ihnen bekannte Konto zu überweisen.

-Unterschrift des Vermieters-

Hinweise zum Abrechnungsbeispiel:

1 Absender des Vermieters (Vermieter gemäß Mietvertrag)

2 vollständige Namen und Anschrift aller im Mietvertrag aufgeführten Mieter

3 Bitte nicht Ort und Datum der Hausgeldabrechnung übernehmen – es zählt das Datum der Anfertigung der Betriebskostenabrechnung.

4 Der Abrechnungszeitraum muss nicht immer dem Kalenderjahr entsprechen. Er kann auch kürzer sein, wenn ein Mieter beispielsweise während des Abrechnungszeitraums in die Wohnung eingezogen ist.

5 Adresse, Lagebeschreibung (z. B. 1. Stock links und optional Wohnungnummer – es kommt auf die eindeutige Zuordung der Mietsache an)

6 Die Grundsteuer können Sie dem individuellen Grundsteuerbescheid entnehmen.

7 Tatsächlich geleistete Betriebskostenvorauszahlung des Mieters. In diesem Beispiel 12 x EUR 70,00.

-Absender[1]-

-Adressat[2]-　　　　　　　　　　　　　　　　Ort und Datum[3]

Nachweis § 35a EStG

Abrechnungszeitraum: 1.1.2010 bis 31.12.2010 (365 Tage)[4]

für Wohnung: -Adresse[5]-

<u>Verteilerschlüssel</u>

Wohnungseinheiten:	8		
Garageneinheiten:	12		
Gesamt-Anteile:	1.000		
1.000stel Wohnung:	899,07	Ihre 1.000stel Wohnung:	51,49
1.000stel TG:	100,93	Ihre 1.000stel TG:	8,41
Gesamt-m²:	506,98	Ihre m²:	29,03

Kostenart	Gesamtkosten in Euro	Verteiler Wohnungen	Ihr Anteil in Euro	Verteiler TG	Ihr Anteil in Euro
Hausreinigung	1.636,92	m²	93,73		
Hausmeister	1.565,76	Gesamt 1.000stel	80,62	1.000stel	13,17
Hausmeister	90,48	Gesamt 1.000stel	4,66	1.000stel	0,76
Wartung Feuerlöscher	58,24	Gesamt 1.000stel	3,00	1.000stel	0,49
Wartung Heizung	170,52	Verbrauch	8,33		
Wartung Kaminkehrer	49,93	Verbrauch	2,39		
Gesamtkosten	3.570,85		192,73		14,41

Die oben aufgeführten Kosten sind ausschließlich Lohnkosten, An- und Abfahrtskosten, Maschinen- und Fahrzeugkosten.
Ihr Anteil aus den umlagefähigen Betriebskosten Wohnung und Tiefgarage: EUR 207,15.

Fortsetzung nächste Seite

Diese Bescheinigung basiert auf der Mitteilung vom 12.05.2010 der Musterhausverwaltung.

-Unterschrift des Vermieters-

Hinweise zum Beispiel Bescheinigung haushaltsnahe Aufwendungen:

[1] Absender des Vermieters (Vermieter gemäß Mietvertrag)

[2] vollständige Namen und Anschrift aller im Mietvertrag aufgeführten Mieter

[3] Bitte nicht Ort und Datum der Hausgeldabrechnung übernehmen – es zählt das Datum der Anfertigung der Betriebskostenabrechnung.

[4] Der Abrechnungszeitraum muss nicht immer dem Kalenderjahr entsprechen. Er kann auch kürzer sein, wenn ein Mieter beispielsweise während des Abrechnungszeitraums in die Wohnung eingezogen ist.

[5] Adresse, Lagebeschreibung (z. B. 1. Stock links und optional Wohnungnummer – es kommt auf die eindeutige Zuordung der Mietsache an)

9. Erstellen der Betriebskostenabrechnung

Immobilieneigentümer unterliegen außer den Mindestanforderungen keiner Vorschrift, wie Betriebskostenabrechnungen zu erstellen sind. Die Abrechnungen können mit Hilfe eines Computers mit Schreibsoftware, mit Spezialsoftware oder handschriftlich erstellt werden.

Die folgenden Erläuterungen werden hauptsächlich den Eigentümern von Mehrfamilienhäusern dienlich sein.

9.1 Umlageschlüssel, Nutzergruppen und Abrechnungskreise

Um eine für die Mieter nachvollziehbare Betriebskostenabrechnung zu erstellen, ist das Ausweisen der Umlageschlüssel, auch Verteilerschlüssel genannt, unumgänglich. Die Anlage von Umlageschlüsseln ermöglicht zudem die Bildung von Nutzergruppen und Abrechnungskreisen.

Umlageschlüssel sind die Grundlage zur Verteilung der Betriebskosten auf die Mieter.

Die Umlageschlüssel können beispielsweise am Anfang oder am Ende der Abrechnung in tabellarischer Form detailliert ausgewiesen werden. In den Berechnungen selbst finden die Mieter die entsprechende Kurzbezeichnung oder Nummerierung. Oder die Umlageschlüssel werden ohne detaillierte Erklärung in der Abrechnung zweifelsfrei kenntlich gemacht. Nicht vergessen sollte man dabei die Angabe der Gesamtanteile, und auf missverständliche Abkürzungen ohne weitere Erläuterung (Legende) sollte verzichtet werden.

Das Erarbeiten von Nutzergruppen und/oder Abrechnungskreisen ist immer dann nötig, wenn größere Objekte abgerechnet werden müssen, die eine komplexere Abrechnung erfordern.

Abrechnungskreise dienen der Kostenaufteilung innerhalb eines Objekts.

Ein klassisches Beispiel für die Verwendung von Abrechnungskreisen ist die Aufteilung der Kosten einer Wohnanlage, die aus mehreren Gebäuden besteht, nach Einzelgebäuden.

Nutzergruppen dienen der Kostenaufteilung innerhalb der Nutzer.

Ein einfaches Beispiel hierfür ist, wenn innerhalb einer Wohnanlage Kabel- und Antennenfernsehen genutzt werden, z. B. bei hohem Ausländeranteil im Haus. Die Nutzer des Kabelfernsehen bekämen die jeweiligen Anteile berechnet, ebenso wie die Nutzer des Antennenfernsehens nur für die Kosten der Antenne, z. B. Wartung, aufzukommen hätten. Ein weiteres gängiges Beispiel ist die Trennung von Haushalts- und Gewerbemüll: Gewerbliche Mieter bezahlen den Anteil am Gewerbemüll, Privatpersonen den Anteil am Haushaltsmüll. Voraussetzung ist hierfür die räumliche Trennung mit abschließbaren Müllplätzen.

Hier noch ein etwas komplexeres Beispiel zur Bildung von sinnvollen Verteilerschlüsseln und Abrechnungskreisen zum besseren Verständnis:

Ausgangssituation: Mehrfamilienhaus mit acht Parteien, davon drei Parteien gewerblich, die restlichen fünf sind Wohnungen (preisfreier Wohnraum). Grundsätzlich werden alle Kosten nach Quadratmetern verteilt. Ausnahmen: Kabelfernsehen nach Einheiten nur für die Wohnungen; bei den Gewerbeeinheiten handelt es sich um Ladengeschäfte, die nicht an der Treppenhausreinigung beteiligt sind, da die Läden über separate Eingänge verfügen. Zudem sind in diesem Gebäude die Müllcontainer zwischen Gewerbemüll und Privatmüll getrennt, da bei den gewerblichen Mietern z. B. mehr Papiermüll anfällt, aber kein Biomüll. Die Verwaltungskosten dürfen anteilig auf die Gewerbemieter umgelegt werden.

Ausgehend von dieser Situation bietet sich zunächst die Anlage von drei Nutzergruppen an:

1. Wohnungen – umfassen die Kosten Kabel nach Einheiten, Treppenhausreinigung und Privatmüll
2. Gewerbe – umfasst die Kosten Gewerbemüll und Verwaltungskosten
3. Wohnungen und Gewerbe – für die übrigen Kosten, an denen alle Einheiten beteiligt werden, z. B. Hausmeisterkosten und Versicherungen

Die Kosten für die beschriebenen Kostenpositionen werden nun getrennt erfasst und nur der jeweiligen Nutzergruppe (dem Abrechnungskreis) zugeordnet.

Es werden also die Flächen für die Gewerbeeinheiten zusammengezählt und die Flächen der Wohnungen und die Gesamtkosten für die Treppenhausreinigung nur auf die fünf Wohnungen verteilt.

Kosten:

Kosten für die Treppenhausreinigung	EUR 789,00
Kosten für den Kabelanschluss	EUR 1.367,00
Kosten für den Hausmeister	EUR 4.769,00
Kosten für die Gebäudeversicherung	EUR 580,00
Kosten für die Verwaltung gesamt	EUR 2.890,00

Flächen:

Fläche Wohnung 1	67 m^2
Fläche Wohnung 2	43 m^2
Fläche Wohnung 3	85 m^2
Fläche Wohnung 4	73 m^2
Fläche Wohnung 5	25 m^2
Fläche Laden 1	58 m^2
Fläche Laden 2	140 m^2
Fläche Laden 3	60 m^2

Dies ergibt eine Gesamt-Wohnfläche von 293 m^2 für den Abrechnungskreis Nr. 1 und von 258 m^2 für den Abrechnugskreis Nr. 2 ; der Abrechnungskreis Nr. 3 setzt sich aus den ersten beiden Zahlen zusammen und ergibt 551 m^2 Gesamtfläche.

Kostenverteilung für die Treppenhausreinigung am Beispiel der Wohnung 1:

Gesamtkosten EUR 789,00 : 293 (Verteilerschlüssel Abrechnungskreis 1) x 67 (Fläche Wohnung 1) = EUR 180,42

Kostenverteilung für die Kabelkosten am Beispiel der Wohnung 4:

Gesamtkosten EUR 1.367,00 : 5 (VTS nach Einheiten) x 1 (1 Anschluss je Wohnung) = EUR 273,40

Kostenverteilung für die Verwaltungskosten am Beispiel des Ladens Nr. 2:

Hier ist vorab zu berechnen, welcher Anteil der Verwaltungskosten auf die Wohnungen entfällt – dabei sind Verwaltungskosten nicht umlagefähig, sondern vom Gebäudeeigentümer zu übernehmen.

Vorgabe: 40 % der Verwaltungskosten entfallen auf die Wohnungen, 60 % auf die Läden. Somit ergibt sich ein auf die Gewerbemieter umlagefähiger Betrag von EUR 1.734,00, der gemäß Vorgabe nach Fläche aufzuteilen ist.

Gesamtkosten (umlagefähig) EUR 1.734,00 : 258 m^2 (Verteilerschlüssel Abrechnungskreis 2) x 140 (Fläche Laden 2) = EUR 940,93

Kostenverteilung der Versicherungskosten am Beispiel des Laden 3:

Gesamtkosten EUR 580,00 : 551 (Verteilerschlüssel Abrechnungskreis 3) x 60 (Fläche Laden 3) = EUR 63,16

9.2 Berechnen der Betriebskostenvorauszahlung

Mittels Durchblättern der Kontoauszüge, Notieren und Addieren der Vorauszahlungen wird eine so genannte Sollstellung durchgeführt. Wichtig ist hier, die Summen der Mietzahlungen und der Betriebskostenvorauszahlungen korrekt zu trennen, da die Überweisung seitens der Mieter meistens in einem Gesamtbetrag erfolgt. Diese Werte können den Mietverträgen und sonstigen Vereinbarungen zur Mieterhöhung oder Anpassung der Betriebskostenvorauszahlung entnommen werden. Diese Berechnung muss für jeden einzelnen Mieter, der eine Betriebskostenabrechnung erhalten soll, separat durchgeführt werden, da die Betriebskostenvorauszahlungen erstens individuell sind und zweitens die Möglichkeit besteht, dass ein oder mehrere Mieter die Betriebskostenvorauszahlung nicht in voller Höhe geleistet haben.

Dazu ein Beispiel mit fiktiven Zahlen: Monatlich von einem Mieter überwiesener Gesamtbetrag: EUR 945,70. Gemäß Mietvertrag teilt sich der Betrag wie folgt auf:

Kaltmiete für die Wohnung:	EUR 695,00
Miete für den Kfz-Stellplatz:	EUR 40,00
Betriebskostenvorauszahlung:	EUR 180,00

Aus den vorliegenden Unterlagen geht hervor, dass die Betriebskostenvorauszahlung vor zwei Jahren um EUR 30,70 erhöht wurde. Die monatliche Betriebskostenvorauszahlung dieses Mieters beträgt also EUR 210,70. Wurde diese für das Abrechnungsjahr monatlich überwiesen, soll eine Vorauszahlung von EUR 2.528,40 als Grundlage herangezogen werden.

9.3 Berechnen der entstandenen (umlagefähigen) Betriebskosten

Darunter ist die einfache Addition aller umlagefähigen Betriebskosten je Mieter zu verstehen, die dann, ergänzt um die Heizkostenabrechnung, gegen die bereits geleistete Vorauszahlung aufgerechnet wird.

Belaufen sich alle umlegbaren Betriebskosten inkl. Heizkosten eines Mieters beispielsweise auf EUR 2.647,14, so müsste ein Mieter nach den Zahlen im Kapitel 3.2 einen Betrag von EUR 118,74 nachzahlen. Übersteigt die Betriebskostenvorauszahlung des Gesamtbetrag der umlagefähigen Betriebskosten, erhält der Mieter ein Guthaben, welches vom Vermieter möglichst zeitnah auszubezahlen ist; es sei denn, in einem Mietvertrag über Gewerbe ist vereinbart, dass die Guthaben verrechnet werden dürfen.

Definition der umlagefähigen Kosten bei WEG auf Grundlage der Verwalterabrechnung

Wohnungseigentümer haben es normalerweise wesentlich leichter, die Betriebskostenabrechnungen zu erstellen. Nach Wohnungseigentumsrecht ist ein Verwalter nicht dazu verpflichtet, die umlagefähigen und nicht umlagefähigen Betriebskosten auf der Verwalterabrechnung abzugrenzen. Viele Verwalter von

Wohnungseigentum bieten ihren Kunden diesen Zusatzservice an. Trotzdem sollten bei getrennt aufgeführten oder markierten umlagefähigen Betriebskosten Stichproben erfolgen. Zu beachten ist jeweils, dass zusammen mit der Hausgeldabrechnung weitere Unterlagen angeliefert werden, die für den Mieter nicht von Bedeutung sind und diesem auch nicht zur Verfügung gestellt werden sollten, z. B. der Wirtschaftsplan mit der Kostenprognose für das laufende Jahr und die Entwicklung der Instandhaltungsrücklage. Der Wirtschaftsplan kann und sollte aber nur Neuberechnung der Betriebskostenvorauszahlung verwendet werden – auch hier nur in Bezug auf die umlagefähigen Kosten.

Auch mit der Grundlage einer Hausgeldabrechnung darf nicht vergessen werden, die Heizkosten zu integrieren!

Verwalterunterlagen, auf deren Grundlage auf einfache Weise eine Betriebskostenabrechnung erstellt werden kann, könnten so aussehen:

Muster
Hausverwaltung

Beispielstraße 2
99999 Beispielstadt
Tel 0000/000000
Fax 0000/000000

Frau und Herrn
Doris und Erich Mustermann
Musterstraße 1
83607 Musterstadt

Musterstadt, 04.03.2010
Eigentümernr. 0xxxx
Objekt: 00xxxx
Musterstraße 1
83607 Musterstadt

HAUSGELDABRECHNUNG vom 1.1.2010 bis 31.12.2010

Erläuterungen zu den Verteilerschlüsseln (VTS)

(1)	Mieteigentumsanteile	(MEA)	1.000,00
(3)	Anzahl Wohneinheiten und Gewerbe	(WE+GE)	67,00
(4)	Miteigentumsanteile Wohn. u. Gewerbe	(MEA)	902,75
(5)	Miteigentumsanteile TG	(MEA/T)	64,00
(9)	Antenne/Kabel	(K)	51,00
(10)	Wasser/Kanal	(W/K)	10.116,36
(11)	Heizung	(HZ)	49.420,65

Abrechnungsjahr = 365 Tage
Ihr Abrechnungszeitraum vom 1.1.2010 bis 31.12.2010 entspricht 365 Tagen.

Umlagfähige Kosten

Konto	Kosenart	Gesamtkosten	VTS		Abr. Tage	Anteil
					365	365/365
0004021	Versicherungen - Verb. Wohngebäude	5.894,05	17,00	MEA (1)	100,20	100,20
0004022	Versicherungen - Haftpflicht	410,87	17,00	MEA (1)	6,98	6,98
0004030	Müllabfuhr	7.665,00	16,00	MEA (4)	135,85	135,85
0004040	Schneebeseitigung	11.162,03	17,00	MEA (1)	189,75	189,75
0004045	Putzmittel	203,37	17,00	MEA (1)	3,46	3,46

Fortsetzung nächste Seite

Konto	Kostenart	Gesamtkosten	VTS		Abr. Tage	Anteil
0004050	Hausmeister	26.927,12	16,00	MEA (4)	477,25	477,25
0004060	Hausmeister TG	2.914,66	0,50	MEA/T (5)	22,77	22,77
0004070	Wasser/Kanal	10.116,36	130,87	W/K (10)	130,87	130,87
0004100	Hausstrom	12.101,66	17,00	MEA (1)	205,73	205,73
0004110	Wartung TG-Lüftung	1.661,29	0,50	MEA/T (5)	12,98	12,98
0004120	Wartung Brandmelder/Beleucht.	1.367,31	17,00	MEA (1)	23,24	23,24
0004122	Wartung Feuerlöscher	869,62	16,00	MEA (4)	15,41	15,41
0004123	Wartung TG-Tor	324,80	0,50	MEA/T (5)	2,54	2,54
0004125	Brandschutz Häuser	339,88	16,00	MEA (4)	6,02	6,02
0004126	Brandschutz TG	227,08	0,50	MEA/T (5)	1,77	1,77
0004140	Antenne - Kabel	4.173,29	1,00	K (9)	81,83	81,83
0004150	Gartenpflege - Lohn	2.290,21	16,00	MEA (4)	40,59	40,59
0004151	Gartenpflege - Material	503,75	16,00	MEA (4)	8,93	8,93
0004155	Aufzug - Notruf	5.668,96	16,00	MEA (4)	100,47	100,47
0004160	Aufzugswartung	4.748,11	16,00	MEA (4)	84,15	84,15
0004165	Prüfgebühren - TÜV/Aufzug	879,02	16,00	MEA (4)	15,58	15,58
0004180	Kleinmaterial umlegbar	862,60	16,00	MEA (4)	15,29	15,29
0004181	Kleinmaterial umlegbar TG	327,60	0,50	MEA/T (5)	2,56	2,56
Gesamt		101.638,64			1.684,22	1.684,22

Zuzüglich Heizkosten

* 0004130	Heizung	49.420,56		HZ (11)	1.306,30	1.306,30
Gesamt		49.420,56				1.306,30
Zwischensumme		*151.059,20*				*2.990,52*

Fortsetzung nächste Seite

Nicht umlagefähige Kosten

Konto	Kostenart	Gesamtkosten	VTS	Abr. Tage	Anteil	
0004170	Aufzugskosten	590,76	16,00	MEA (4)	10,47	10,47
0004300	lfd. Reparaturen - Lohn	7.411,91	16,00	MEA (4)	131,37	131,37
0004301	lfd. Reparaturen - Material	9.188,81	16,00	MEA (4)	162,86	162,86
0004303	lfd. Reparaturen Schranke	1.215,45	0,50	MEA/T (5)	9,50	9,50
0004305	lfd. Reparaturen TG - Lohn	1.925,84	0,50	MEA/T (5)	15,05	15,05
0004310	Verwaltergebühren	11.921,28	1,00	WE+GE (3)	177,93	177,93
0004311	Verwaltergebühren TG	2.733,00	0,50	MEA/T (5)	21,35	21,35
0004320	Bankgebühren	399,11	17,00	MEA (1)	6,78	6,78
0004330	Sonderkosten	244,24	17,00	MEA (1)	4,15	4,15
0004340	Neuanschaffungen	3.161,55	17,00	MEA (1)	53,75	53,75
0004350	zu bild. Inst. Rücklage	10.000,00	16,00	MEA (4)	177,24	177,24
0004351	zu bild. Inst. Rücklage TG	2.500,00	0,50	MEA/T (5)	19,53	19,53
Gesamt		52.174,53			796,88	796,88
Zwischensumme		*203.233,73*				*3.787,40*

Gesamtkosten:	203.233,73	3.787,40
- Istvorauszahlung	176.346,27	3.360,00
- Sonderumlage		0,00
Es ergibt sich eine Nachzahlung von	**26.887,46**	**427,40**

Wir werden den Fehlbetrag per Lastschrift einziehen. Falls wir keine Einzugsermächtigung haben, überweisen Sie bitte den Fehlbetrag auf das Konto xxxx bei der Bank xxx BLZ xxxx.

Information über die Entwicklung der Konten

Anfangsbestand 1.1.2010 Konto:	Girokonto	2.473,62	Endbestand 31.12.2010	Konto: Girokonto	5.803,47
Anfangsbestand 1.1.2010 Konto:	Sparbuch Haus	23.930,15	Endbestand 31.12.2010	Konto: Sparbuch Haus	30.817,66
Anfangsbestand 1.1.2010 Konto:	Sparbuch TG	8.305,01	Endbestand 31.12.2010	Konto: Sparbuch TG	10.848,38
Anfangsbestand 1.1.2010 Konto:	Spaarbuch Waschgeld	419,32	Endbestand 31.12.2010	Konto: Sparbuch Wa.	704,82

Diese Abrechnung wurde maschinell erstellt und ist ohne eigenhändige Unterschrift gültig.
Musterhausverwaltung.

Frau und Herrn
Doris und Erich Mustermann
Musterstraße 1
83607 Musterstadt

Muster
Hausverwaltung

Beispielstraße 2
99999 Beispielstadt
Tel 0000/000000
Fax 0000/000000

Bescheinigung i.S.d. § 35a EStG (haushaltsnahe Aufwendungen)
für die Abrechnung vom 1.1.2010 bis 31.12.2010

Musterstadt, den 04.03.2011
Objekt: 00xxxx
Musterstraße 1
83607 Musterstadt
Eigentümernr. xxxx
Einheitennr. 00xxxx
VE-Bez. EG rechts

Erläuterungen zu den Bemessungsgrundlagen

(1)	Mieteigentumsanteile	(MEA)	1.000,00
(4)	Miteigentumsanteile Wohn. u. Gewerbe	(MEA)	902,75
(5)	Miteigentumsanteile TG	(MEA/T)	64,00

Abrechnungsjahr = 365 Tage
Ihr Abrechnungszeitraum vom 01.01.2010 bis 31.12.2010 entspricht 365 Tagen.

Konto	**Kosenart**	**Gesamtkosten**	**VTS**		**Abr. Tage**	**Anteil**
					365	365/365
3 0004040	Schneebeseitigung*	11.162,03	17,00	MEA (1)	189,75	189,75
3 0004050	Hausmeister*	26.927,12	16,00	MEA (4)	477,25	477,25
3 0004060	Hausmeister TG*	2.914,66	0,50	MEA/T (5)	22,77	22,77
3 0004150	Gartenpflege*	2.290,21	16,00	MEA (4)	40,59	40,59
3 0004302	Malerarbeiten	873,00	16,00	MEA (4)	15,47	15,47
3 0004302	AT Entwässerungsrinne	1.265,67	17,00	MEA (1)	21,52	21,52
Gesamt		*45.432,69*			*767,35*	*767,35*

Legende: 3 = Lohnanteil; * = umlagefähig nach § 2 BetrKV

Ausweis der haushaltsnahen Aufwendungen vorbehaltlich der korrekten Angaben in den Rechnungen ohne Haftung!
Diese Auswertung wurde maschinell erstellt.
Musterhausverwaltung

Frau und Herrn
Doris und Erich Mustermann
Musterstraße 1
83607 Musterstadt

Muster
Hausverwaltung

Beispielstraße 2
99999 Beispielstadt
Tel 0000/000000
Fax 0000/000000

Musterstadt, den 04.03.2011
Objekt: 00xxxx
Musterstraße 1
83607 Musterstadt
Eigentümernr. xxxx
Einheitennr. 00xxxx
VE-Bez. EG rechts

Instandhaltungsrücklage zum 31.12.2010

Umlagefaktoren

4 Miteigentumsanteile Wohn. u. Gewerbe (MEA, Divisor 902,75)

Konto	Instandhaltungsrücklage	Gesamtbetrag	VTS			Anteil
0001205	*Anfangsbestand*	*23.930,15*	*16,00*	*MEA (4)*		*424,13*
0004350	Rücklage 2010	10.000,00	16,00	MEA (4)		177,24
0008060	Zinsen 2010	18,16	16,00	MEA (4)		0,32
0004400	Umzugspauschale 2010	150,00	0,50	MEA (4)		2,66
	Summe Zugänge	*10.168,16*				*180,22*
0004302	Malerarbeiten an Fenster u. T.	1.483,64	16,00	MEA (4)		26,30**
0004302	Austausch Entwässerungsrinnen	1.797,01	16,00	MEA (4)		31,85**
	Summe Abgänge	*3.280,65*				*58,15*
	Endbestand	**30.817,66**				**546,20**
	Zinsertrag gesamt	**26,56**				**0,47***

* = Beträge sind zu versteuern; ** = Beträge sind steuerlich abzugsfähig,

Diese Auswertung wurde maschinell erstellt.
Musterhausverwaltung

Frau und Herrn
Doris und Erich Mustermann
Musterstraße 1
83607 Musterstadt

Muster
Hausverwaltung

Beispielstraße 2
99999 Beispielstadt
Tel 0000/000000
Fax 0000/000000

Musterstadt, den 04.03.2007
Objekt: 00xxxx
Musterstraße 1
83607 Musterstadt
Eigentümernr. xxxx
Einheitennr. 00xxxx
VE-Bez. EG rechts

Instandhaltungsrücklage zum 31.12.2010

Umlagefaktoren

4 Miteigentumsanteile Wohn. u. Gewerbe (MEA, Divisor 902,75)

Konto	Instandhaltungsrücklage	Gesamtbetrag	VTS			Anteil
0001220	*Anfangsbestand Waschgeld*	*419,32*	*16,00*	*MEA (4)*		*7,43*
0008300	Waschgeld 2010	281,80	16,00	MEA (4)		4,99
0008060	Zinsen Waschgeld 2010	3,70	16,00	MEA (4)		0,07
	Summe Zugänge	*285,50*				*5,06*
	Summe Abgänge	*0,00*				*0,00*
	Endbestand Waschgeld	**704,82**				**12,49**
	Zinsertrag gesamt	**3,70**				**0,07***
	incl. ZAST auf 3,70	*0,00*				*0,00*
	incl. Solidaraitätszuschlag	*0,00*				*0,00*

* = Beträge sind zu versteuern; ** = Beträge sind steuerlich abzugsfähig,

Diese Auswertung wurde maschinell erstellt.
Musterhausverwaltung

Frau und Herrn
Doris und Erich Mustermann
Musterstraße 1
83607 Musterstadt

Muster
Hausverwaltung

Beispielstraße 2
99999 Beispielstadt
Tel 0000/000000
Fax 0000/000000

Musterstadt, den 04.03.2011
Objekt: 00xxxx
Musterstraße 1
83607 Musterstadt
Eigentümernr. xxxx
Einheitennr. 00xxxx
VE-Bez. EG rechts

Instandhaltungsrücklage zum 31.12.2010

Umlagefaktoren

5 Miteigentumsanteile TG (MEA/t, Divisor 64,00)

Konto	**Instandhaltungsrücklage**	**Gesamtbetrag**	**VTS**			**Anteil**
0001210	*Anfangsbestand TG*	*8.305,01*	*0,50*	*MEA/T (5)*		*64,88*
0004351	Rücklage TG 2010	2.500,00	0,50	MEA/T (5)		19,53
0008060	Zinsen TG 2010	43,37	0,50	MEA/T (5)		0,34
	Summe Zugänge	*2543,37*				*19,87*
	Summe Abgänge	*0,00*				*0,00*
	Endbestand TG	**10.848,38**				**84,75**
	Zinsertrag gesamt	**63,45**				**0,50***
	incl. ZAST auf 63,45	*19,04*				*0,15*
	incl. Solidaraitätszuschlag	*1,04*				*0,01*

* = Beträge sind zu versteuern; ** = Beträge sind steuerlich abzugsfähig,

Diese Auswertung wurde maschinell erstellt.
Musterhausverwaltung

Die Entwicklungen der Instandhaltungsrücklage bleiben unberücksichtigt, ebenso der Wirtschaftsplan (die voraussichtliche Kostenentwicklung für Eigentümergemeinschaften). Benötigt wird nur noch der Betrag der Grundsteuer, der dem Grundsteuerbescheid zu entnehmen ist. Die Betriebkostenabrechnung ergibt sich wie folgt:

-Absender[1]-

-Adressat[2]-

Ort und Datum[3]

Betriebskostenabrechnung

Abrechnungszeitraum: 1.1.2010 bis 31.12.2010 (365 Tage)[4]

für Wohnung: -Adresse[5]-

Erläuterungen zu den Verteilerschlüsseln (VTS)

(1)	Mieteigentumsanteile	(MEA)	1.000,00
(3)	Anzahl Wohneinheiten und Gewerbe	(WE+GE)	67,00
(4)	Miteigentumsanteile Wohn. u. Gewerbe	(MEA)	902,75
(5)	Miteigentumsanteile TG	(MEA/T)	64,00
(9)	Antenne/Kabel	(K)	51,00
(10)	Wasser/Kanal	(W/K)	10.116,36
(11)	Heizung	(HZ)	49.420,65

Umlagfähige Kosten (Beträge in Euro)

Konto	Kostenart	Gesamtkosten	VTS		Abr. Tage[6] 365	Anteil 365/365
	Grundsteuer[7]	66,00	entfällt		66,00	66,00
4130	Heizkosten	49.420,56		HZ (11)	1.306,30	1.306,30
4021	Versicherungen-Verbundene Wohngeb.	5.894,05	17,00	MEA (1)	100,20	100,20
4022	Versicherungen-Haftpflicht	410,87	17,00	MEA (1)	6,98	6,98
4030	Müllabfuhr	7.665,00	16,00	MEA (4)	135,85	135,85
4040	Schneebeseitigung	11.162,03	17,00	MEA (1)	189,75	189,75
4045	Putzmittel	203,37	17,00	MEA (1)	3,46	3,46

Fortsetzung nächste Seite

Konto	Kostenart	Gesamtkosten	VTS		Abr. Tage	Anteil
0004050	Hausmeister	26.927,12	16,00	MEA (4)	477,25	477,25
0004060	Hausmeister TG	2.914,66	0,50	MEA/T (5)	22,77	22,77
0004070	Wasser/Kanal	10.116,36	130,87	W/K (10)	130,87	130,87
0004100	Hausstrom	12.101,66	17,00	MEA (1)	205,73	205,73
0004110	Wartung TG-Lüftung	1.661,29	0,50	MEA/T (5)	12,98	12,98
0004120	Wartung Brandmelder/Beleucht.	1.367,31	17,00	MEA (1)	23,24	23,24
0004122	Wartung Feuerlöscher	869,62	16,00	MEA (4)	15,41	15,41
0004123	Wartung TG-Tor	324,80	0,50	MEA/T (5)	2,54	2,54
0004125	Brandschutz Häuser	339,88	16,00	MEA (4)	6,02	6,02
0004126	Brandschutz TG	227,08	0,50	MEA/T (5)	1,77	1,77
0004140	Antenne - Kabel	4.173,29	1,00	K (9)	81,83	81,83
0004150	Gartenpflege - Lohn	2.290,21	16,00	MEA (4)	40,59	40,59
0004151	Gartenpflege - Material	503,75	16,00	MEA (4)	8,93	8,93
0004155	Aufzug - Notruf	5.668,96	16,00	MEA (4)	100,47	100,47
0004160	Aufzugswartung	4.748,11	16,00	MEA (4)	4,15	84,15
0004165	Prüfgebühren - TÜV/Aufzug	879,02	16,00	MEA (4)	15,58	15,58
0004180	Kleinmaterial umlegbar	862,60	16,00	MEA (4)	15,29	15,29
0004181	Kleinmaterial umlegbar TG	327,60	0,50	MEA/T (5)	2,56	2,56
Gesamt		151.125,20			3.056,52	3.056,52

Berechnung des Guthabens bzw. der Nachzahlung:

Ihre Betriebskostenvorauszahlung[8]	3.120,00
abzüglich Kosten gem. obiger Aufstellung	3.056,52
ergibt Guthaben	63,48

Das Guthaben überweisen wir Ihnen auf Ihr Konto. **oder**
Eine evtl. Nachzahlung bitten wir, baldmöglichst auf das Ihnen bekannte Konto zu überweisen.

-Unterschrift des Vermieters-

Hinweise zum Abrechnungsbeispiel:

1. Absender des Vermieters (Vermieter gemäß Mietvertrag)
2. vollständige Namen und Anschrift aller im Mietvertrag aufgeführten Mieter
3. Bitte nicht Ort und Datum der Hausgeldabrechnung übernehmen – es zählt das Datum der Anfertigung der Betriebskostenabrechnung.
4. Der Abrechnungszeitraum muss nicht immer dem Kalenderjahr entsprechen. Er kann auch kürzer sein, wenn ein Mieter beispielsweise während des Abrechnungszeitraums in die Wohnung eingezogen ist.
5. Adresse, Lagebeschreibung (z. B. 1. Stock links und optional Wohnungnummer – es kommt auf die eindeutige Zuordung der Mietsache an)
6. Die Spalte „Abrechnung nach Tagen“ differiert nur dann vom „Anteil“, wenn die Betriebskostenabrechnung keine volle Abrechnungsperiode betrifft.
7. Dieser Wert ist dem individuellen Grundsteuerbescheid zu entnehmen.
8. Hier wird die tatsächliche Betriebskostenvorauszahlung des Mieters herangezogen, in diesem Beispiel 12 x EUR 260,00 = EUR 3.120,00

-Absender[1]-

-Adressat[2]-

Ort und Datum[3]

Bescheinigung i. S. d. § 35a EStG (haushaltsnahe Aufwendungen)

Abrechnungszeitraum: 1.1.2010 bis 31.12.2010 (365 Tage)[4]

für Wohnung: -Adresse[5]-

Erläuterungen zu den Bemessungsgrundlagen

(1)	Mieteigentumsanteile	(MEA)	1.000,00
(4)	Miteigentumsanteile Wohn. u. Gewerbe	(MEA)	902,75
(5)	Miteigentumsanteile TG	(MEA/T)	64,00

Konto	Kostenart	Gesamtkosten	VTS		Abr. Tage 365	Anteil 365/365
3 4040	Schneebeseitigung	11.162,03	17,00	MEA (1)	189,75	189,75
3 4050	Hausmeister	26.927,12	16,00	MEA (4)	477,25	477,25
3 4060	Hausmeister TG	2.914,66	0,50	MEA/T (5)	22,77	22,77
3 4150	Gartenpflege	2.290,21	16,00	MEA (4)	40,59	40,59

Summe	**Gesamt**	**Anteil**
Summe zu 3	43.29,02	730,36

Legende: 3 = Lohnanteil

Diese Bescheinigung basiert auf der Mitteilung vom 04.03.2011 der Musterhausverwaltung.

-Unterschrift des Vermieters-

Hinweise zum Beispiel Bescheinigung haushaltsnahe Aufwendungen:

1. Absender des Vermieters (Vermieter gemäß Mietvertrag)
2. vollständige Namen und Anschrift aller im Mietvertrag aufgeführten Mieter
3. Bitte nicht Ort und Datum der Hausgeldabrechnung übernehmen – es zählt das Datum der Anfertigung der Bescheinigung.
4. Der Abrechnungszeitraum muss nicht immer dem Kalenderjahr entsprechen. Er kann auch kürzer sein, wenn ein Mieter beispielsweise während des Abrechnungszeitraums in die Wohnung eingezogen ist.
5. Adresse, Lagebeschreibung (z. B. 1. Stock links und optional Wohnungnummer – es kommt auf die eindeutige Zuordung der Mietsache an)

9.4 Neuberechnung der Betriebskostenvorauszahlung

Wenn die Betriebskostenabrechnung ein größeres Guthaben oder eine größere Nachzahlung ausweist, sollte die Betriebskostenvorauszahlung angepasst werden. Dies ist auch der Fall, wenn nachweislich mit steigenden Kosten zu rechnen ist, wie es leider in den letzten Jahren regelmäßig vorgekommen ist.

In der Praxis bietet es sich an, die Betriebskosten für durchschnittlichen Wohnraum immer dann anzupassen, wenn das Guthaben oder die Nachzahlung mehr als ca. EUR 100,00 beträgt. Der Mieter sollte dann eine entsprechende Mitteilung mit Hinweis auf die letzte Betriebskostenabrechnung erhalten und einen großzügigen Zeitrahmen zu der Mietzahlung, ab der die Erhöhung greifen soll, damit der Dauerauftrag bei der Bank geändert werden kann, was allein etwa je nach Kreditinstitut ungefähr zehn Tage beansprucht.

Wichtig ist der Hinweis, dass sich die Anpassung lediglich auf die Betriebskostenvorauszahlung bezieht und die Kaltmiete davon unberührt bleibt, um Unstimmigkeiten vorzubeugen, wenn eine Erhöhung der Miete angestrebt wird.

Ein Beispiel für die manuelle Neuberechnung der Betriebskosten: Ein Mieter hat eine Nachzahlung von EUR 223,00. Die bisherige Betriebskostenvorauszahlung beläuft sich auf monatlich EUR 95,00. Die Betriebskostenvorauszahlung ist also über ein Jahr – zwölf Monate – um ca. EUR 223,00 anzupassen. Dazu wird 223 (Betrag): 12 (Monate) gerechnet, ergibt EUR 18,58. Es empfiehlt sich im Hinblick auf die stetig steigenden Kosten, den Betrag ein wenig aufzurunden, in diesem Fall auf EUR 20,00. Die neue Betriebskostenvorauszahlung beläuft sich also auf EUR 115,00.

9.5 Checkliste: Überprüfen der Betriebskostenabrechnung

Bevor eine Betriebskostenabrechnung das Haus verlässt, empfiehlt es sich, diese nochmals kurz auf die wichtigsten Angaben zu prüfen.

a) Form der Betriebskostenabrechnung:

Wurden Namen und Anschrift aller Mieter vollständig erfasst?

Ist der Absender des Hauseigentümers oder der Hausverwaltung angegeben?

Rechnet bei Eigentümerwechsel der aktuelle Eigentümer ab?

Ist die gegenständliche Nutzereinheit zweifelsfrei definiert (Wohnungsnummer oder Lage der Einheit)?

Ist der Abrechnungszeitraum angegeben, und beträgt er maximal zwölf Monate?

Ist das Erstellungsdatum der Abrechnung vermerkt?

Sind die Umlageschlüssel aufgeführt und nachvollziehbar?

Ist auf der Abrechnung (oder im Begleitbrief) die Bankverbindung vermerkt?

Liegt das Original der Heizkostenabrechnung (Einzelabrechnung) bei?

b) Inhalt der Betriebskostenabrechnung:

Darf gemäß Mietvertrag eine Betriebskostenabrechnung durchgeführt werden?

Sind nur umlagefähige Kosten abgerechnet?

Sind die Gesamtkosten enthalten?

Ist die Berechnung der Einzelpositionen und Umlageschlüssel korrekt?

Stimmt die Summe der Betriebskostenvorauszahlungen?

Ist die Berechnung der Rückerstattung oder der Nachzahlung richtig?

Bei Mieterwechsel: Ist die Kostenaufteilung zwischen den Mietparteien richtig?

10. (Mögliche) Folgen der Betriebskostenabrechnung

Mit Herausgabe bzw. Versand der Betriebskostenabrechnung an die Mieter ist die Arbeit eines Vermieters noch nicht erledigt. Jetzt gilt es, für die Mieter beratend tätig zu sein, Betriebskostenvorauszahlungen neu zu berechnen, sich mit dem Mieterverein auseinanderzusetzen, im Falle von Einwendungen nochmals Überprüfungsarbeiten zu leisten, die Nachzahlungen einzufordern und die Zahlungseingänge zu überprüfen.

Bei aller Sorgfalt kommt es immer wieder vor, dass beispielsweise eine fehlerhafte Heizkostenabrechnung nicht kontrolliert oder Beträge den falschen Nutzergruppen oder Abrechnungskreisen zugeordnet wurden. Schließlich stehen auch Hausverwaltungen in der ersten Jahreshälfte enorm unter Zeitdruck.

Einige der so genannten Problemmieter wenden sich auch regelmäßig ohne begründeten Verdacht auf die Fehlerhaftigkeit einer Betriebskostenabrechnung an den Mieterverein, da der Mitgliedsbeitrag sowieso bezahlt wird, und lassen nach vermeintlichen Fehlern suchen.

10.1 Anpassung der Betriebskostenvorauszahlungen

Bei den stetig steigenden Betriebskosten sind Anpassungen der Betriebskostenvorauszahlung nach oben leider an der Tagesordnung. Das Anpassungsverlangen führt erst einmal zu Unmut bei der Mietpartei und oft muss ein Jahr später die Betriebskostenvorauszahlung nochmals angehoben werden, da die letzte Anpassung meistens erst ab der Jahresmitte wirksam wurde, also trotzdem noch mal eine Nachzahlung für die höheren Kosten des ersten Halbjahres anfällt.

Bei neu vermieteten Wohnungen macht es den Hausverwaltern Probleme, den Betrag für die Betriebskostenvorauszahlung richtig anzusetzen. Da das Heiz- und Wohnverhalten der Mietpartei noch nicht bekannt ist, wird ein Betrag angesetzt, der den Erfahrungswerten des Hausverwalters entspricht. Fällt das Heizverhalten dann aus dem Rahmen, z. B. bei Heizen mit stets gekipptem Fenster oder einem heißen Vollbad täglich, muss die Vorauszahlung natürlich nach oben korrigiert werden. Die Anpassung kann nur auf Grundlage einer entsprechenden Nachzahlung erfolgen. Sie muss also begründet sein.

10.2 Zahlungsfristen und Mahnverfahren

Die Nachzahlung aus der Betriebskostenabrechnung ist grundsätzlich sofort zur Zahlung fällig. Nach dem Versand der Betriebskostenabrechnung sollte dem Mieter jedoch genügend Zeit gewährt werden, diese zu überprüfen. Diese Zeit sollte mindestens zwei bis drei Wochen betragen; eine Zahlungsfrist von ca. vier Wochen zur Begleichung der Nachzahlung hat sich in der Praxis bewährt. Sofern angekündigt, können auch eventuelle Guthaben nach dieser Frist ausbezahlt werden, was dem Vermieter einen gewissen Spielraum verschafft.

Grundsätzlich sollten Vermieter und Hausverwaltungen darauf achten, dem Mieter die Betriebskostenabrechnung beweisbar zuzustellen, um nicht Gefahr zu laufen, dass die zwölfmonatige Frist verstreicht. Dies gilt vor allem bei Zustellungen kurz vor Fristablauf.

Wie bei Mietzahlungen kann theoretisch ohne weitere Zahlungserinnerungen sofort ein amtlicher Mahnbescheid veranlasst werden, sofern der Mieter keine konkreten Einwendungen gegen die Abrechnung erhoben hat.

Da das Mietverhältnis an sich ein längeres Vertragsverhältnis ist und reibungslose Mietverhältnisse zu einem großen Teil von der Mietpartei abhängen, wird man in der Praxis versuchen, sich mit dem Mieter mittels Zahlungsaufschub oder Ratenzahlung, ob nun mit oder ohne Schuldzinsen, zu einigen – ausgenommen sind solche Fälle, bei denen davon ausgegangen werden kann, dass die Nachzahlung auch nach Einräumung der o. g. Vergünstigungen nicht geleistet werden wird.

10.3 Einwendungen des Mieters bezogen auf die Betriebskostenabrechnung

Bestreitet der Mieter Kosten aus der Betriebskostenabrechnung, ohne die Belege eingesehen zu haben und ohne seine Meinung hinreichend zu begründen, reicht dies nach derzeitiger Rechtsmeinung für eine Anfechtung der Abrechnung nicht aus, da der Vermieter von Mieter eine konkrete Beanstandung verlangen kann.

Die Mitteilung des Mieters kann schriftlich, mündlich oder durch ein Gerichtsverfahren über die Abrechung erfolgen. Es bedarf hierzu keiner bestimmten Form.

Zu beachten ist der Einwendungsausschluss nach § 556 Abs. 3 Satz 5, 6 BGB. Dieser besagt, dass der Mieter seine Einwendungen dem Vermieter innerhalb von zwölf Monaten nach Zugang der Abrechnung mitteilen muss. Voraussetzung für den Beginn dieser Frist ist allerdings der Zugang einer formell einwandfreien Betriebkostenabrechnung. Nach Ablauf der Frist gilt die Abrechnung normalerweise als verbindlich, es sei denn, es liegt eine unverschuldete Verspätung des Mieters vor. Diese kann mit einer Verweigerung des Einsichtsrechts in die Belege oder mit einer längeren Erkrankung begründet werden. Im Zweifel ist der Einzelfall maßgebend.

10.3.1 Einsichtnahme in die Belege

Zweifelt der Mieter die Betriebskostenabrechnung an, so hat er das Recht, Einsicht in die Rechnungsbelege zu nehmen. Der Vermieter ist aber nicht verpflichtet, dem Mieter die Rechnungsbelege (Kopien) zusammen mit der Betriebskostenabrechnung zuzuleiten.

Diese Einsichtnahme kann entweder persönlich beim Vermieter oder dem Bevollmächtigten des Vermieters, z. B. Rechtsanwalt oder Hausverwaltung, erfolgen, oder dem Mieter können entsprechende Kopien zur Verfügung gestellt werden. Die Kosten für die Kopien trägt der Mieter. Sie sollten sich allerdings im üblichen Rahmen bewegen.

10.3.2 Einsichtnahme in die Belege im Fall einer vermieteten Eigentumswohnung

Im Fall einer vermieteten Eigentumswohnung beinhaltet das Einsichtsrecht des Mieters lediglich die beim Vermieter befindlichen Unterlagen, also die Hausgeld- oder Verwalterabrechnung nebst allen Anlagen. Die beim WE-Verwalter befindlichen Unterlagen sind ausgenommen, aber der Mieter kann verlangen, Einsicht in die Originalabrechnungen zu nehmen.

10.3.3 Pflichten des Vermieters im Fall eines Einwands

Es versteht sich von selbst, dass dem Mieter im Falle eines Einwands Belegeinsicht gewährt werden sollte. Kommt der Vermieter dieser Verpflichtung nicht nach, so kann die Frist des Einwendungsausschlusses nicht verstreichen.

Generell sollten alle schlüssigen Einwendungen von Mietern gegen die Betriebskostenabrechnungen eine genaue Überprüfung durch die Hausverwaltung zur Folge haben. Um ein Mietverhältnis möglichst reibungslos zu gestalten, ist in Zweifelsfällen eine enge Zusammenarbeit mit dem Mieter erforderlich.

Ergibt eine Überprüfung z. B. einen durch die Heizkostenabrechnungsfirma oder die Hausverwaltung verursachten Fehler, sollte die Abrechnung schnellstens berichtigt werden.

10.4 Der Mieterverein und seine Kontrollprinzipien

Die Mietervereine bilden eine bundesweite Organisation, welche die Rechte der Mieter schützen soll; den Deutschen Mieterverband e.V. (www.mieterbund.de). Leider ist der Mieterverein oft erheblich an den unsachlichen Aussagen der Presse gerade in Bezug auf die Betriebskostenabrechnung beteiligt. Nahezu jeder Vermieter oder Hausverwalter hatte schon Kontakt mit dem Mieterverein. Meistens kommt er in Form eines mehr oder weniger freundlichen Schreibens seitens des Sachbearbeiters vom Mieterverein zustande. Für die Vermieterseite ist in diesem Zusammenhang oft die Vorgehensweise besonders ärgerlich. In den meisten Fällen könnten die Einwendungen in aller Kürze telefonisch geklärt werden. Da die Sachbearbeiter für die Vermieterseite jedoch nicht telefonisch erreichbar sind, wächst sich eine kleine Unstimmigkeit öfter zu einem zeitraubenden, intensiven Schriftwechsel aus.

Wenn sich ein Mieter an den Mieterverein wendet, ist er meistens durch die Medien verunsichert und möchte die Abrechnung grundsätzlich prüfen lassen. Nun kommt es auf den Sachbearbeiter beim Mieterverein an.

Der Mieterverein stellt seinen Mitgliedern in der Regel recht allgemein gehaltene Checklisten zur Verfügung, anhand derer die Mieter überprüfen und ja/nein ankreuzen können, ob die Betriebskostenabrechnung „wahrscheinlich falsch" sei. Diese Listen sind teilweise mit dem Schlusssatz versehen, dass bei einer nicht verbrauchsabhängigen Abrechnung direkt 15 % der Kosten abgezogen werden dürfen.

Manchmal wird den Mietern auch mitgeteilt, dass eine Betriebskostenabrechnung, die auf dem Verteilerschlüssel Miteigentumsanteile, auch Tausendstel genannt, basiert, wohl falsch sein müsse, da für Mieter allein Quadratmeterangaben zählen. Da aber davon ausgegangen werden kann, dass sich die ausgewiesenen Miteigentumsanteile gewöhnlich an der Wohnungsgröße orientieren und es zudem für den Vermieter einen zu großen Aufwand darstellt, die Kosten nach Miteigentumsanteilen in quadratmeterbezogene Kosten umzurechnen, wird die Betriebskostenabrechnung nach Miteigentumsanteilen grundsätzlich toleriert.

Auch die Heizkostenverteilerschlüssel geben manchmal zu Unstimmigkeiten Anlass. Teilweise werden vom Mieterverein auch bestimmte Werte vorgegeben.

Aber Prozentsätze von 30/70 bis 50/50 sind gesetzmäßig, und wenn diese Sätze zudem in der Teilungserklärung oder Gemeinschaftsordnung festgeschrieben sind, gibt es normalerweise nichts zu beanstanden.

Ansonsten überprüft der Mieterverein hauptsächlich, ob die Abrechnungszeiträume zusammenpassen und ob der Abrechnungszeitraum ein Jahr beträgt. Hier kann es z. B. bei Neubauten einmal zu einer Abweichung kommen (wird ein Gebäude zum 1.12. bezugsfertig, läuft die erste Abrechnung in der Regel über 13 Monate; dieser Zeitraum ist für eine Betriebskostenabrechnung nicht zulässig und muss umgerechnet werden). Ebenso wird geprüft, ob die Betriebskostenabrechnung wirklich nur die umlagefähigen Kosten enthält. Werden versteckte Kosten vermutet, werden Kontoblätter und Belegkopien angefordert.

10.4.1 Vorgehensweise, wenn sich der Mieterverein einschaltet

Da nicht der Mieterverein der Vertragspartner des Vermieters ist, sondern der Mieter, können alle Anfragen des Mietervereins direkt an den Mieter beantwortet werden.

Verlangt der Mieterverein für seinen Mandanten bestimmte Kopien oder Kontoblätter von bestimmten Positionen, sollten diese zur Verfügung gestellt werden, da der Mieter ein generelles Einsichtsrecht in die Belege hat. Grundsätzlich sollte man sich kooperativ zeigen.

10.4.2 Die Haus- und Grundbesitzervereine als Gegenpole zum Mieterverein

Die Haus- und Grundbesitzervereine nehmen die Interessen der Eigentümer und Vermieter in vergleichbarer Weise wie der Mieterverein für die Mieter wahr. Mittels eines Jahresbeitrags kann jeder Hausverwalter oder Immobilieneigentümer Mitglied werden. Die Vereine verfügen bundesweit über Geschäftsstellen.

10.4.3 Außergerichtliche Problemlösungen

Da die Gerichte in Deutschland sehr mieterfreundlich eingestellt sind, sollten Vermieter und Hausverwalter bevorzugt Möglichkeiten für außergerichtliche Einigungen wahrnehmen. Spielen keine persönlichen Aversionen zwischen den Vertragsparteien eine Rolle, stehen die Chancen dafür grundsätzlich gut.

Ein weiterer Grund für das Anstreben von außergerichtlichen Lösungen ist die Tatsache, dass die Mieter zwar in einem Privatpaket der Rechtsschutzversicherer fast automatisch gegen Streitigkeiten im Mietverhältnis versichert sind, nicht aber Vermieter und Hausverwaltungen. Vermieter müssen eine teure separate Rechtsschutzversicherung für vermietete Objekte abschließen, und Hausverwaltungen können sich oft garnicht mit Rechtsschutz versichern oder aber die Prämien sind exorbitant hoch.

Hausverwalter haben in einem solchen Fall die schwierige Aufgabe, zwischen Vermieter und Mieter zu vermitteln.

11. Die häufigsten Fehlerquellen

Zu unterscheiden sind formelle und inhaltliche Fehler in der Betriebskostenabrechnung. Eine Übersicht dazu:

Formelle Fehler

- Die Bezeichnung des Vermieters ist unvollständig.
- Der Name des gesetzlichen Vertreters fehlt.
- Bei Vertretung ist die Vertretungsberechtigung nicht erkennbar.
- Für den Mieter ist nicht ersichtlich, dass sein Mietobjekt abgerechnet wurde.
- Bei der Abrechnung nach Nutzergruppen und/oder Abrechnungskreisen sind die berücksichtigten Gebäude/Gruppen nicht aufgeführt.
- Die Abrechnung enthält Veränderungen zur Vorjahresabrechnung, die nicht erläutert werden.

Inhaltliche Fehler

- Der Abrechnungszeitraum von einem Jahr ist überschritten.

- Die Gliederung der Kosten ist nicht ausreichend (Zusammenfassen mehrerer Kostengruppen)
- Die Angabe der jeweiligen Gesamtkosten fehlt.
- Die Umlageschlüssel entsprechen nicht den vertraglich vereinbarten.
- Die Umlageschlüssel sind nicht nachzuvollziehen.
- Bei Mieterwechsel ist die Kostenteilung zwischen Vor- und Nachmieter nicht nachzuvollziehen.
- Die Abrechnung enthält Vorauszahlungen.
- Die Quadratmeterangabe der beheizten Wohnfläche ist falsch.
- In den Abrechnungspositionen, z. B. den Wartungsverträgen, sind nicht umlagefähige Instandhaltungs- und Instandsetzungsanteile enthalten.
- Die Betriebskostenvorauszahlungen sind nicht korrekt in Ansatz gebracht.
- Die umlagefähigen und nicht umlagefähigen Kosten sind nicht gemäß Vereinbarung im Mietvertrag abgegrenzt, z. B. Abgrenzung nach § 2 BetrKV statt nach Anlage 3, § 27 II. BV.

Einige der aufgeführten Fehler ziehen sich wie ein roter Faden durch die gesamte Abrechnung, andere wiederum betreffen nur einzelne Positionen. Letztere sind einfach zu korrigieren; bei schwerwiegenderen Fehlern muss unter Umständen bei Mehrfamilienhäusern die Gesamtabrechnung für alle Mieter neu erstellt werden.

Wenn beispielsweise die Heizkostenabrechnung oder die Anlage der Grunddaten (z. B. Quadratmeterzahl, falsche Nutzergruppen oder Abrechnungskreise) fehlerhaft ist, zieht dies regelmäßig eine Korrektur der Gesamtabrechnung nach sich.

11.1 Berichtigung einer fehlerhaften Betriebskostenabrechnung

Generell hat die Berichtigung einer Abrechnung schnellstmöglich zu erfolgen. Ist dies nicht möglich, weil etwa noch auf Unterlagen des Heizkostenabrechnungsunternehmens gewartet werden muss, sollten die Mieter zeitnah davon unterrichtet werden, dass eine Korrektur der vorgelegten Abrechnung folgt und die ausgewiesenen Guthaben oder Nachzahlbeträge vorläufig nicht zur Zahlung fäl-

lig sind. Diese kurze Mitteilung erspart Mietern und Hausverwaltern weitere Arbeit mit den Mängelrügen.
In diesem Zusammenhang ist zu beachten, dass die nachgelieferte Korrekturabrechnung ebenso pünktlich, also spätestens zwölf Monate nach Ende der Abrechnungsperiode, beim Mieter eingehen muss.

Fristen und Rückerstattungen bereits bezahlter (falsch berechneter) Nachzahlungen
Stellt sich erst einige Wochen später heraus, dass ein Fehler unterlaufen ist, müssen die mieterseits bereits geleisteten Nachzahlungen zurückgezahlt werden, es sei denn, der Mieter ist ausdrücklich mit dem Verrechnen des Betrags einverstanden. Die Rückerstattung der Beträge hat umgehend zu erfolgen. Auch die Mieter müssen einen bereits ausbezahlten Guthabenbetrag, der sich als nicht richtig erweist, an den Vermieter zurückzahlen.

11.2 Die Betriebskostenabrechung bei unterjährigem Mieterwechsel

In diesem Fall müssen die Heizkosten unbedingt getrennt pro Mietpartei und Leerstandsphase abgerechnet werden. Das Heizverhalten der Mietparteien kann sehr unterschiedlich sein. Eine Familie oder ältere Menschen haben beispielsweise in der Regel einen höheren Heiz- und Warmwasserbedarf als ein berufstätiges Paar, welches tagsüber nicht zu Hause ist. Zudem differiert das Heizverhalten stark während eines Jahres: Im Winter wird mehr geheizt als im Sommer.

Trennen der Heizkostenabrechnungen
Es ist obligatorisch, dass ein Mieter, der erst im Juni in eine Wohnung eingezogen ist, nicht den Winterverbrauch Januar bis April des Vormieters mittragen darf. Aus diesem Grund ist es wichtig, die Heizkostenabrechnungen von den Heizkostenabrechnungsunternehmen stets zum Stichtag des Mieterwechsels trennen zu lassen. Nur auf dieser Grundlage ist es möglich, eine korrekte Betriebskostenabrechnung zu erstellen. Wurde die Eingabe des Mieterwechsels bei der Heizkostenabrechnungsfirma vergessen, kann die Abrechnung auch noch nachträglich getrennt und die Betriebskostenabrechnung angepasst werden. Liegen keine Ablesewerte vor, wird der Verbrauch nach Gradtagszahlen geschätzt. Auch in diesem Fall muss eine Korrektur der Betriebskostenabrechnungen für den Vor- und den Nachmieter erfolgen.

11.3 Zwischenablesen oder Schätzen des Verbrauchs?

Einer der häufigsten Fragen, die seitens der Wohnungseigentümer an eine Hausverwaltung herangetragen werden, lautet, ob bei unterjährigem Mieterwechsel eine separate Ablesung veranlasst werden soll oder ob eine Schätzung der Verbrauchswerte rechtlich in Ordnung sei.

Das Anfordern eines Ablesers kostet zusätzliche Gebühren, die der Wohnungseigentümer zu tragen hat; diese sind also nicht umlagefähig. Die Zwischenablesung bietet eine größere Genauigkeit. In der Praxis aber hat sich die Schätzmethode unter Berücksichtigung der vom Vermieter vorgelegten Ablesewerte (Kontrollwerte, die vom Vermieter oder dessen Beauftragten beim Wohnungsabnahmetermin selbst abgelesen werden) als kostengünstig und fair erwiesen.

Merke: Bei Mieterwechsel während der Abrechnungsperiode können die Heizkosten entweder mittels Schätzung oder Zwischenablesung ermittelt werden.

Verrechnen einer möglichen Nachzahlung mit der Mietkaution
Die Frage, ob eine Nachzahlung aus der Betriebskostenabrechnung gegebenenfalls mit der hinterlegten Mietkaution verrechnet werden darf, stellt sich immer dann, wenn erstens ein Mieter nicht fähig ist, die Nachzahlung aufzubringen, oder zweitens ein Mieter während der Abrechnungsperiode aus der Immobilie auszieht und eine Nachzahlung zu erwarten ist. Verlässt ein Mieter den Einzugsbereich des Vermieters oder der Hausverwaltung, kann das Einfordern der Nachzahlung problematisch werden.

In erstgenanntem Fall, also bei einem laufenden, ungekündigten Mietverhältnis, sollte die Kaution möglichst nicht angetastet werden, da die Sicherheitsleistung sonst abnimmt.

Der Zeitraum, wann die Kaution nach Auszug des Mieters endgültig zurückgezahlt werden muss, hängt vom Einzelfall ab; denkbar sind Zeiträume zwischen zwei und sechs Monaten. Generell soll der Vermieter unverzüglich seine eigenen Ansprüche berechnen.

Der Vermieter darf einen Teil der Kaution zurückbehalten, wenn noch eine Betriebskostenabrechnung aussteht und eine Nachzahlung zu erwarten ist, falls der

Mieter damit einverstanden ist. Die Höhe des zurückgehaltenen Betrags orientiert sich stets an den Nachzahlungen der vergangenen Jahre.

Ergänzender Hinweis: Bei Eigentümerwechsel haftet der Erwerber für die Kaution, und zwar unabhängig davon, ob er die Kaution vom Voreigentümer erhalten hat (§ 566a BGB).

11.4 Die Betriebskostenabrechnung bei unterjährigem Eigentümerwechsel

Eine Veräußerung der Mietsache bricht nicht das Mietverhältnis (§ 566 BGB)! Wird eine Immobilie verkauft, getauscht, verschenkt oder wird sie in eine Gesellschaft eingebracht, tritt der neue Eigentümer mit allen Rechten und Pflichten in das Mietverhältnis ein, und zwar zum Zeitpunkt der Eintragung des Erwerbers in das Grundbuch. Dies gilt natürlich auch für vermietete Eigentumswohnungen.

Zu beachten ist in diesem Zusammenhang, dass die Abrechnungen stets rückwirkend erfolgen. Wenn der Eigentumsübergang einer Immobilie beispielsweise zum 11.1.2011 erfolgt, muss die Betriebskostenabrechnung für die Abrechnungsperiode 1.1.2011bis 31.12.2011 von der Person erstellt werden, die zu dieser Zeit Eigentümer der Immobilie war, also vom Verkäufer – auch wenn die Abrechnung erst im März 2011 erstellt wird und längst der Käufer die Mietzahlungen erhält.

Wenn das Eigentum an der Immobilie während einer Abrechnungsperiode übertragen wird, ist der neue Eigentümer zur Betriebskostenabrechnung für den gesamten Abrechnungszeitraum verpflichtet. In der Praxis bedeutet dies, dass dem Käufer Nachzahlungen aus der Betriebskostenabrechnung in voller Höhe zustehen und er äquivalent die Guthabenbeträge an die Mieter auszahlen muss.

Kommt der neue Eigentümer seinen Verpflichtungen nicht nach, so haftet der Voreigentümer nach § 566 Abs. 2 BGB wie ein Bürge, der auf die Einrede der Vorausklage verzichtet hat.

Der Verkäufer ist nicht verpflichtet, dem Mieter eine Zwischenabrechnung zu überlassen, aber er muss mit dem Käufer der Immobilie intern so abrechnen und diesem alle nötigen Unterlagen übergeben, dass die Betriebskostenabrechnung den Vorschriften entsprechend erstellt werden kann.

Hat der Mieter eine Kaution hinterlegt, so haftet der Erwerber dafür, dass ihm die Kaution bei Beendigung des Mietverhältnisses ausbezahlt wird.

12. Ergänzungen

12.1 Nützliche Internetseiten und Kontaktadressen

Die folgende Aufstellung erhebt keinen Anspruch auf Vollständigkeit und wurde ohne Wertung durch die Verfasser zusammengestellt. Die Fachverbände werden in alphabetischer Reihenfolge – zunächst die Bundesverbände (in Fettdruck), gefolgt von den zugehörigen Landesverbänden – aufgelistet. Soweit nicht anders beschrieben können die Kreis- und Bezirksverbände den Internetseiten entnommen werden.

Immobilienportale im Internet:
- www.immobilienscout24.de
- www.immonet.de
- www.immowelt.de
- www.planethome.de

Hier finden Sie ein Diskussionforum „rund um die Immobilie“:
www.forum-immobilienfragen.de

Hier können Sie das Mietrecht einsehen: http://dejure.org
Navigation: Bürgerliches Gesetzbuch, Buch 2: Recht der Schuldverhältnisse,

Abschnitt 8: Einzelne Schuldverhältnisse, Titel 5: Allgemeine Vorschriften für Mietverhältnisse, Untertitel 2: Mietverhältnisse über Wohnraum, Kapitel 1-6

Hier erhalten Sie das Auskunftsformular der SCHUFA:
www.SCHUFA.de/eigenauskunft.html

Kontaktadresse der De.M.Da.:

Deutsche Mieter Datenbank
Langenstr. 52 – 54
28195 Bremen
Tel. 04 21 / 16 89 96 89
Fax 04 21 / 16 89 96 55
E-Mail: info@demda.de
Internet: www.demda.de

Kontaktadressen der *SCHUFA Holding AG* (Landesverbände):

Verbraucherservicestelle Wiesbaden
Kormoranweg 5
65201 Wiesbaden
Tel. 06 11 / 92 78 – 300
E-Mail: SCHUFA-holding@SCHUFA.de
Internet: www.SCHUFA.de

Geschäftsstelle Berlin
Mariendorfer Damm 1-3
12099 Berlin
Tel. 0 30 / 70 09 17 20

Geschäftsstelle Bochum
Massenbergstr. 9-13
44787 Bochum
Tel. 02 34 / 97 61-0

Geschäftsstelle Bremen
Violenstr. 12
28195 Bremen
Tel. 04 21 / 3 63 02 44

Geschäftsstelle Düsseldorf
Schadowstr. 86-88
40212 Düsseldorf
Tel. 02 11 / 16 76 0

Geschäftsstelle Frankfurt
Zeil 29-31
60313 Frankfurt a. M.
Tel. 0 69 / 92 04 02 52

Geschäftsstelle Hamburg
Wendenstr. 4
20097 Hamburg
Tel. 0 40 / 23 71 90

Geschäftsstelle Hannover
Georgstr. 11
30159 Hannover
Tel. 05 11 / 1 23 96

Geschäftsstelle Köln
Widdersdorfer Str. 403
50933 Köln
Tel. 02 21 / 4 99 66 33

Geschäftsstelle Leipzig
Leuckartstr. 3
04289 Leipzig
Tel. 03 41 / 8 66 12 13

Geschäftsstelle Mannheim
N7, Eingang 5-6
68161 Mannheim
Tel. 06 21 / 1 25 01 70

Geschäftsstelle München
Elsenheimerstr. 61
80687 München
Tel. 0 89 / 57 00 61 11

Geschäftsstelle Saarbrücken
Saaruferstr. 16
66117 Saarbrücken
Tel. 06 81 / 88 38 60

Geschäftsstelle Stuttgart
Königstr. 84
70173 Stuttgart
Tel. 07 11 / 2 24 56 78

Bund der Wohnungs- und Grundeigentümer e. V.
Dachauer Str. 31
80335 München
Tel. 0 89 / 59 79 37
Fax 0 89 / 59 79 38
E-Mail: info@bwe-online.de
Internet: www.bwe-online.de

Der Bund der Wohnungs- und Grundeigentümer e. V. verfügt bundesweit über 29 Kreisverbände; die einzelnen Kontaktadressen erhalten Sie im Internet: www.bwe-online.de/bund/geschaeftsstellen.html.

Der Bayerische Wohnungs- und Grundeigentümerverband (Adresse siehe Bund) verfügt in Bayern über 52 Geschäftsstellen; die einzelnen Kontaktadressen erhalten Sie im Internet: www.bwe-online.de/bayern/geschaeftsstellen.html.

Haus & Grund Baden e. V.
Lessingstr. 10
76135 Karlsruhe
Tel. 07 21 / 8 31 28 10
Fax 07 21 / 8 31 28 12
E-Mail: info@haus-und-grund-baden.de
Internet: www.haus-und-grund-baden.de

Haus & Grund Bayern e. V.
Herzog-Wilhelm-Str. 10/IV
80331 München
Tel. 0 89 / 5 51 41-510
Fax 0 89 / 5 51 41-552
E-Mail: Bayern@haus-und-grund-bayern.de
Internet: www.haus-und-grund-bayern.de

Haus & Grund Berlin e. V.
Potsdamer Str. 143
10783 Berlin
Tel. 0 30 / 2 16 34 36
Fax 0 30 / 2 16 98 23
E-Mail: hausundgrund@inter.net
Internet: www.haus-und-grund-berlin.de

Haus & Grund Brandenburg e. V.
Voltaireweg 12
14469 Potsdam
Tel. 03 31 / 2 70 21 23
Fax 03 31 / 2 70 21 24
E-Mail: info@hausundgrundbrbg.de
Internet: www.hausundgrundbrbg.de

Haus & Grund Landesverband Bremen e. V.
Am Dobben 3
28203 Bremen
Tel. 04 21 / 36 80 40
Fax 04 21 / 3 68 04 88
E-Mail: vorstand@hug-hb.de
Internet: www.haus-und-grund-bremen.de

Grundeigentümer-Verband Hamburg von 1832 e. V.
Glockengießerwall 19
20095 Hamburg
Tel. 0 40 / 3 09 67 20
Fax 0 40 / 32 13 97
E-Mail: info@grundeigentuemerverband.de
Internet: www.grundeigenttuemerverband.de

Haus & Grund Hessen e. V.
Niedenau 61-63
60325 Frankfurt a. M.
Tel. 0 69 / 72 94 58
Fax 0 69 / 17 26 35
E-Mail: hughessen@arcor.de
Internet: www.hausundgrundhessen.de

Haus & Grund Mecklenburg-Vorpommern e. V.
Mecklenburgstr. 64
19053 Schwerin
Tel. 03 85 / 5 77 74 10
Fax 03 85 / 5 77 74 11
E-Mail: kontakt@hugmv.de
Internet: www.haus-und-grund-mv.de

Haus & Grund Niedersachsen e. V.
Schützenstr. 24
30853 Langenhagen
Tel. 05 11 / 9 73 29 70
Fax 05 11 / 97 32 97-32
E-Mail: info@haus-und-grund-nds.de
Internet: www.haus-und-grund-nds.de

Haus & Grund Nordrhein und Westfalen e. V.
Elisabethstr. 4
44129 Dortmund
Tel. 02 31 / 95 83-0
Fax 02 31 / 95 83 95
E-Mail: nrw@haus-und-grund.com
Internet: www.haus-und-grund.com

Haus & Grund Oldenburg e. V.
Staulinie 16/17
26122 Oldenburg
Tel. 04 41 / 1 41 16
Fax 04 41 / 9 25 08 01
E-Mail: HausundGrundOL@t-online.de
Internet: www.ewetel.net/hausu.grundeigentuemerverein/

Haus & Grund Ostwestfalen-Lippe e. V.
Alter Markt 11
33602 Bielefeld
Tel. 05 21 / 9 64 30-0
Fax 05 21 / 9 64 30 23
E-Mail: ostw.-lippe@haus-und-grund.net
Internet: www.haus-und-grund-ostw-lippe.de

Haus & Grund Rheinland e. V.
Lütticher Str. 1-3
50674 Köln
Tel. 02 21 / 25 86 70
Fax 02 21 / 25 29 67
E-Mail: info@hausundgrund-rheinland.de
Internet: www.hausundgrund-rheinland.de

Haus & Grund Rheinland-Pfalz e. V.
Kaiserstr. 9
55166 Mainz
Tel. 0 61 31 / 61 97 20
Fax 0 61 31 / 61 98 68
E-Mail: info@haus-und-grund-rlp.de
Internet: www.haus-und-grund-rlp.de

Haus & Grund Ruhr e. V.
Postfach 10 16 42
45016 Essen
Tel. 02 01 / 23 47 05
Fax 02 01 / 23 58 55
E-Mail: deckers@hug-essen.de
Internet: www.hug-essen.de

Haus & Grund Saarland e. V.
Bismarckstr. 52
66121 Saarbrücken
Tel. 06 81 / 66 83 70
Fax 06 81 / 6 80 35
E-Mail: info@haus-und-grund-saarland.de
Internet: www.haus-und-grund-saarland.de

Haus & Grund Sachsen e. V.
Fetscherstr. 29
01307 Dresden
Tel. 03 51 / 5 63 79 07
Fax 03 51 / 5 63 79 09
E-Mail: info@haus-und-grund-sachsen.net
Internet: www.haus-und-grund-sachsen.net

Haus & Grund Sachsen-Anhalt e. V.
Steinigstr. 7
39108 Magdeburg
Tel. 03 91 / 7 31 68 32
Fax 03 91 / 7 31 68 33
E-Mail: hugsa@onlinehome.de
Internet: www.hugsa-magdeburg.de

Haus & Grund Schleswig-Holstein e. V.
Sophienblatt 3
24103 Kiel
Tel. 04 31 / 66 36-110
Fax 04 31 / 66 36-188
E-Mail: info@haus-und-grund-sh.de
Internet: www.haus-und-grund-sh.de

Haus & Grund Thüringen e. V.
Schwarzburger Chaussee 4
07407 Rudolstadt
Tel. 0 36 72 / 42 89-0
Fax 0 36 72 / 42 89-19
E-Mail: vorstand@hug-thueringen.de
Internet: www.hug-thueringen.de

Haus & Grund Westfalen e. V.
Dahlenkampstr. 5
58095 Hagen
Tel. 0 23 31 / 2 90 96
Fax 0 23 31 / 18 26 06
E-Mail: lv-hug-west@freenet.de
Internet: www.hausgrund-westfalen.de

Haus & Grund Württemberg e. V.
Werastr. 1
70182 Stuttgart
Tel. 07 11 / 2 37 65 10
Fax 07 11 / 2 37 65 88
E-Mail: email@hausundgrund-wuerttemberg.de
Internet: www.hausundgrund-wuerttemberg.de

Verband baugeschädigter Haus- und Grundeigentümer e. V.
Resser Weg 14
45699 Herten
Tel. 0 23 66 / 8 09 00
Fax 0 23 66 / 8 70 41
E-Mail: info@vbhg.de
Internet: www.vbhg.de

12.2 Abkürzungen

Abs.	Absatz
BGB	Bürgerliches Gesetzbuch
BetrKV	Betriebskostenverordnung
BV	Berechnungsverordnung
gem.	gemäß
Heizg	Heizung
HeizkVo	Heizkostenverordnung
i. d. R	in der Regel
UStG	Umsatzsteuergesetz
WEG	Wohnungseigentumsgesetz
WE-Verwalter	Verwalter von Wohnungseigentum

12.3 Glossar

Abrechnungskreise
Sie werden auch als Abrechnungseinheiten bezeichnet. Ein Abrechnungskreis kann ein Gebäude innerhalb einer Wohnanlage, die aus mehreren Gebäuden besteht, sein.

Abrechnungsperiode
Sie wird auch Abrechnungszeitraum genannt und erstreckt sich über ein Wirtschaftsjahr. Sie kann für Mietverhältnisse über Wohnraum maximal zwölf Monate betragen.

Betriebskosten (umlagefähige)
Sie werden auch Nebenkosten oder „zweite Miete" genannt. Die umlagefähigen Betriebskosten sind in § 2 BetrKV definiert.

Betriebskostenabrechnung
Sie wird auch Nebenkostenabrechnung, Mieterabrechnung und Mieternebenkostenabrechnung genannt. Sie bezeichnet die Abrechnung der umlagefähigen Nebenkosten und ist für den Mieter einer Einheit gedacht.

Betriebskostenabrechnung, kalte
Sie enthält alle Kosten außer den Wärmekosten, z. B. Kosten für Versicherungen, Stromversorgung, Hausmeister- und Hausreinigungskosten etc.

Betriebskostenabrechnung, warme
siehe Heizkostenabrechnung

Hausgeldabrechnung
Sie wird auch Verwalterabrechnung, Wohngeldabrechnung, Jahresabrechnung oder Hausabrechnung genannt. Sie beinhaltet sämtliche über die Abrechnungsperiode angefallenen Kosten und dient einem Vermieter bzw. seiner Hausverwaltung, als Grundlage zur Erstellung der Betriebskostenabrechnung.

Heizkostenabrechnung
Die Heizkostenabrechnung ist eine Aufschlüsselung der auf die Wohneinheit entfallenden Wärmekosten und aller Kosten, die damit in Zusammenhang ste-

hen, z. B. den Kosten für die Warmwasserbereitung. Sie bildet den Kern jeder Betriebskostenabrechnung und jeder Hausgeldabrechnung. Die Heizkostenabrechnung ist vom Nutzer zu bezahlen und soll in die Abrechnungen integriert werden.

Heizkostenverteilerschlüssel
Dieser ist bei Wohnungseigentum meistens in der Gemeinschaftsordnung fixiert und regelt die Aufteilung der Heizungs- und Wasserkosten nach dem Anteil des tatsächliches Verbrauchs pro Einheit und den Grundkosten, z. B. Aufteilung im Verhältnis zu 30 % nach Grundkosten und zu 70 % nach Verbrauch. Bei Mietshäusern obliegt die Festsetzung des Heizkostenverteilerschlüssels dem Gebäudeeigentümer im Rahmen der jeweils gültigen Heizkostenverordnung.

Instandhaltung, Instandsetzung und Modernisierung
Instandhaltung ist die Erhaltung der Gebäudeteile im derzeitigen Zustand. Instandsetzungen sind Reparaturen, die oft mit Modernisierungsmaßnahmen einher gehen. Beispiel: Streichen von Fenstern ist Instandhaltung, Austausch der Fenster gegen gleichwertige ist Instandsetzung und Austausch gegen höherwertiges Glas etc. zählt zur Modernisierung.

Instandhaltungsrücklage
Rücklage einer Wohnungseigentümergemeinschaft für die Finanzierung von größeren Instandsetzungsmaßnahmen, die zu einem späteren Zeitpunkt notwendig werden. Zur ordnungsgemäßen Verwaltung gemäß Wohnungseigentumsgesetz gehört die Ansammlung einer angemessenen Instandhaltungsrücklage.

Miteigentumsanteil/Tausendstel
Wohnungseigentum ist Miteigentum am gemeinschaftlichen Grundstück verbunden mit dem Sondereigentum an einer Wohnung. Diese Verbindung ist nach § 6 WEG nicht zu trennen. Aus dem Miteigentum bildet sich der Miteigentumsanteil, nach dem viele Kosten unter den Eigentümern aufgeteilt werden.

Nutzergruppen
Sie bezeichnen unterschiedliche Gruppen innerhalb der Betriebskostenabrechnung, z. B. die Unterteilung in Gewerbe- und Wohneinheiten.

Umlageschlüssel
Sie werden auch Verteilerschlüssel genannt und zeigen den Mietern in der Betriebskostenabrechnung, nach welchen Faktoren die Kosten umgelegt werden.

Wärmekostenabrechnung
siehe Heizkostenabrechnung

WE-Verwalter
Hausverwaltung einer Wohnungseigentümergemeinschaft

Wirtschaftsplan
Diese Aufstellung ist eine Vorausschau der voraussichtlich entstehenden Kosten einer Wohnungseigentümergemeinschaft und legt die monatliche Hausgeldzahlung an die Hausverwaltung fest.

Die Verfasser

Petra Breitsameter, geboren 1972, ist seit 1993 in der Grundstücks- und Wohnungswirtschaft tätig. Ihre fachbezogene Ausbildung wurde durch einen nebenberuflichen Lehrgang zur Immobilienfachwirtin (IMI) weiter ausgebaut. Sie ist für verschiedene namhafte Bildungsinstitute als Referentin, Lehrgangsbetreuerin, Teletutorin, Autorin und Lektorin tätig.

Christian Grolik, geboren 1972, ist seit 1992 im Bereich der Hausverwaltungen und Immobilien tätig und seit 1995 selbstständig. Neben seinen Qualifikationen Betriebswirt d. H. sowie Verbandsgeprüfter Bewerter (Sachverständiger) für bebaute und unbebaute Grundstücke (VDM) erlangte er durch ein nebenberufliches Studium den akademischen Grad Dipl.-Wirtschaftsjurist (FH), Fachrichtung Immobilienrecht.

Beide Verfasser nehmen darüber hinaus regelmäßig an verschiedenen fachbezogenen Fortbildungsveranstaltungen teil.

Printed in Dunstable, United Kingdom

91223527R00063